Was du schon immer über Geld wissen wolltest

Clemens Schömann-Finck

Was du schon immer über Geld wissen wolltest*

* und dir bisher niemand erklären konnte

Stiftung Warentest

Inhalts-verzeichnis

01

Was ist Geld?

Was haben Schneckengehäuse, Zigaretten und Kupferplatten gemeinsam? Sie alle dienten schon einmal als Geld. Es hat im Laufe der Geschichte viele verschiedene Formen angenommen. Die Scheine und Münzen in unserem Portemonnaie sind da nur eine. Sie werden vermutlich auch nicht die letzte sein, die es geben wird. Wenn sich die Menschen darauf einigen, kann fast alles als Zahlungsmittel verwendet werden. Geld entsteht im Zusammenspiel von Menschen. Aber auch das Geld musste einmal erfunden werden.

Tausende Jahre waren die Menschen ohne Geld im heutigen Sinne ausgekommen. Wenn sie etwas brauchten, tauschten sie es. Archäologische Funde lassen vermuten, dass in der Steinzeit zum Beispiel Obsidian ein beliebtes Tauschmittel war. Das vulkanische Gesteinsglas eignete sich wegen seiner scharfen Kanten gut für die Herstellung von Werkzeugen und Waffen und war entsprechend begehrt. Mit Entstehung der großen Kulturen nahmen das Warenangebot und entsprechend auch die Tauschpalette zu. Ob Getreide, Salz, Wein oder Vieh – wer etwas nicht hatte, aber haben wollte, musste dafür etwas hergeben. Einen besonderen Stellenwert hatten dabei als Zahlungsmittel, wie auch als Zeichen für Besitz und Wohlstand, Nutztiere wie Rinder, Kühe, Schafe oder Ziegen.

Spuren dieser Bedeutung von Vieh finden sich noch in unserer Sprache. So leitet sich das lateinische Wort für Geld (pecunia) vom lateinischen Wort für Vieh (pecus) ab. Und das zugegebenermaßen inzwischen wenig gebräuchliche Wort „pekuniär", wie zum Beispiel in dem Satz „Er ist in einer pekuniär schwierigen Lage", heißt so viel wie geldlich, finanziell. Wer in der Schule Latein hatte, erinnert sich vielleicht auch an den Satz „Pecunia non olet": „Geld stinkt nicht."

Die Schwierigkeiten einer Tauschwirtschaft sind offensichtlich. Ein passender Tauschpartner muss gefunden werden, der einerseits etwas von Interesse hat, andererseits auch das haben will, was der andere gerade anbietet. Wer niemanden findet, muss hin- und hertauschen, bis er am Ziel ist. Lange Tauschketten sind nötig. Dann gibt es das Problem der Preise: Wie viel ist ein Brot in Eiern, Milch oder Fleisch wert? Und wie viele Eier brauche ich für einen Liter Milch?

Durch sogenanntes Warengeld versuchten die Menschen, die Probleme der Tauschwirtschaft abzumildern. Dafür nutzten sie Waren, die sich leicht eintauschen ließen. Geeignet war vor allem, was gebraucht wurde, sich gut lagern und transportieren ließ sowie haltbar war. Was verwendet wurde, unterschied sich von Region zu Region. In China, Nordafrika und im Mittelmeerraum war zum

Beispiel Salz als Warengeld üblich, in Japan hingegen Reis. Statt Brot gegen Eier wurde Brot gegen Salz getauscht, und das Salz konnte wiederum gegen andere Waren weitergetauscht werden. Das Warengeld erweiterte und vereinfachte also die Möglichkeiten des Handels. Es fungierte als „Zwischentauschware".

Die Vorläufer unseres Geldes tauchten mit den ersten Münzen in der Mitte des 7. Jahrhunderts vor Christus im Königreich Lydien in der heutigen West-Türkei auf. Es waren kleine Metallklümpchen aus Elektron, einer natürlich vorkommenden mineralischen Mischung aus Gold und Silber, die mit einer Prägung versehen waren. Metalle wie Gold, Silber und Kupfer sollten fortan für Jahrhunderte das bevorzugte Material für Münzen sein: Metalle ließen sich gut aufbewahren, waren knapp, und man konnte sie gut verarbeiten. Mit der Zeit verfeinerte sich die Herstellung. Die Metallstücke wurden zunehmend flacher, breiter und besser gerundet.

Die Entstehung des Papiergelds

Papiergeld entstand in China vor gut 1000 Jahren in der Provinz Sichuan. Gebräuchlich war dort zu der Zeit Geld aus Eisen, das aber wegen des hohen Gewichts schwer zu handhaben war. Der Staat erlaubte daher einer Gruppe von 16 Händlern, Eisengeld gegen Papiergeld zu tauschen.

Wer wollte, konnte die Scheine bei den ausgewählten Händlern auch wieder zurücktauschen.

In Europa dauerte es mit dem Papiergeld bis ins 17. Jahrhundert. Als erste Banknoten gelten die „Credityf-Zedel" der Stockholms Banco. Vor deren Einführung wurden in Schweden Kupferplatten als Geld geprägt. Sie gelten als die größten geprägten Münzen der Welt, die jemals im Umlauf waren. Die Platten konnten bis zu 20 Kilo wiegen und hatten dabei ein Format von bis zu 63 x 33 Zentimeter. Der Hintergrund: Silbermünzen waren durch den Dreißigjährigen Krieg knapp geworden, Kupfer war jedoch reichlich vorhanden. Um weiter liquide zu sein, begann Schweden mit dem Prägen von Kupfermünzen. Sie sollten allerdings ein Wertäquivalent zu den Silbermünzen sein. Entsprechend viel Kupfer war nötig.

Man kann sich leicht vorstellen, dass die Platten im Alltag sehr unpraktisch waren. So kostete zum Beispiel ein Damenkleid zu der Zeit 40 Silbertaler. Das entsprach fünf Plattenmünzen à 15 Kilogramm. Nicht selten wurden daher Fuhrknechte für größere Einkäufe mitgenommen, die das Geld transportierten.

Im Jahr 1661 begann die Stockholms Banco daher mit Erlaubnis des Königs, „Credityf-Zedel" auszugeben, die durch Einlagen gedeckt waren. Statt der schweren Platten konnten die Bürger nun mit diesen Briefchen aus bedrucktem, hochwertigem Papier bezahlen. Sie hatten verschiedene Wertstufen und genau wie die heutigen Banknoten eine Seriennummer. Nachdem Geldscheine in China schon mehrere Jahrhunderte zuvor verwendet wurden, markieren die „Credityf-Zedel" den Anfang einer eigenständigen europäischen Papiergeldgeschichte. Wenige Jahre später entwickelten sich auch in England und Frankreich Banknoten.

Bereits im Mittelalter nutzten die Kaufleute allerdings Wechselbriefe. In so einem Brief verpflichtete sich ein Kaufmann, dem Besitzer bei Vorlage des Wechselbriefs einen festgelegten Betrag in Gold oder Silber zu bezahlen. Diese Wechselbriefe wurden auch zwischen Kaufleuten getauscht oder verkauft, was den Warenhandel vereinfachte. Mit Banknoten sind sie aber nicht zu verwechseln: Sie wurden nicht von einer Notenbank oder anderen Institution ausgegeben, und sie waren auch nicht in ihren Wertangaben standardisiert.

Die Funktionen von Geld

So entstand also das Geld, wie wir es heute kennen. Doch was ist eigentlich Geld? Eignen sich nur Münzen und Scheine als Geld? Oder könnte auch etwas anderes als Geld dienen? Drei Funktionen zeichnen Geld aus:

→ **Tausch- oder Zahlungsmittel:** Noch immer wird getauscht. Nur sind es jetzt nicht mehr zum Beispiel Fische gegen Brot, sondern Münzen und Scheine gegen Waren und Dienstleistungen. Was als Geld dienen will, muss bestimmte Voraussetzungen erfüllen. Das schafft ein paar Einschränkungen. Große, klobige Gegenstände eignen sich zum Beispiel eher schlecht. Man kann sie weder gut mit zum Einkaufen nehmen, noch sind sie in kleinere Einheiten teilbar. Das aber ist nötig, da natürlich nicht alles gleich viel kostet.

→ **Recheneinheit:** Meter und Zentimeter sind Recheneinheiten für Längen, Liter für Flüssigkeiten, und genauso muss alles, was als Geld dienen soll, eine Recheneinheit für den Preis unterschiedlicher Waren und Dienstleistungen sein. Ohne Geld ist es sehr umständlich, verschiedene Waren miteinander zu vergleichen. In einer Tauschwirtschaft gibt es bei zehn Waren insgesamt schon 45 Tauschverhältnisse. Milch könnte zum Beispiel gegen Brot und Eier getauscht werden, Eier gegen Butter und Käse und so weiter. Wenn der Wert jeder Ware aber in Geldeinheiten ausgedrückt werden kann, reichen die zehn Warenpreise zum Vergleich aller Waren untereinander.

→ **Wertspeicher:** Nur Dinge, die ihren Wert über einen längeren Zeitraum behalten, kommen als Geld infrage. Die Funktion von Geld als Wertaufbewahrungsmittel ist eine ganz wesentliche. Denn so ist es möglich, zu sparen und Ausgaben zu verschieben. Man muss das Geld nicht direkt wieder gegen etwas anderes eintauschen. Ist es werthaltig und behält seine Kaufkraft, kann man sich in einigen Jahren mehr oder weniger das Gleiche dafür kaufen wie jetzt. Diese dritte Funktion ist besonders sensibel. Denn Scheine und Münzen haben weder einen eigenen Wert, noch haben sie einen praktischen Nutzen. Nur Sammler würden Geld ausgeben für einen alten Schein, der nicht mehr gültig ist. Sie sind in dem Sinne auch nicht knapp und deswegen besonders begehrt. Nur weil wir darauf vertrauen, dass wir sie zu einem späteren Zeitpunkt gegen eine Ware oder Dienstleistung zurücktauschen können, sind wir bereit, Scheine und Münzen als Bezahlung anzunehmen.

Unser jetziges Geld aus Scheinen und Münzen erfüllt die ersten beiden Funktionen ziemlich gut. Preise lassen sich leicht in Euro und Cent angeben (Funktion als Recheneinheit), und der Staat hat festgelegt, dass Euro-Münzen und -Scheine gesetzliches Zahlungsmittel sind (Funktion als Tauschmittel). Das heißt: Jeder Verkäufer ist verpflichtet, sie anzunehmen, es sei denn, er hat zuvor mit der Kundin eine andere Zahlungsweise vereinbart. Bei der Barzahlung gibt es allerdings die eine oder andere kleine Einschränkung: So sind Euro-Münzen nur beschränktes gesetzliches Zahlungsmittel. Eine Verkäuferin kann sich weigern, wenn ein Kunde mit einem riesigen Berg Münzen bezahlen will. Sie muss höchstens 50 Münzen oder Münzen im Wert von 200 Euro annehmen. Euroscheine hingegen sind unbeschränktes gesetzliches Zahlungsmittel. Jede Verkäuferin und jeder Verkäufer muss sie akzeptieren. Allerdings können einzelne Banknoten aus Sicherheitsgründen abgelehnt werden, zum Beispiel, wenn der Verkäufer Angst vor Falschgeld hat.

Die dritte Geldfunktion, der Wertspeicher, ist allerdings umkämpft. Die Inflation nagt permanent am Wert des Geldes. Mit ihrer Geldpolitik versucht die Europäische Zentralbank (EZB), die Inflation in Zaum zu halten und das Vertrauen zu erhalten.

Geld muss also nicht aus Scheinen und Münzen bestehen. Auch viele andere Dinge kommen infrage – solange sie diese drei Eigenschaften erfüllen. Und tatsächlich: Blickt man in die Geschichte zurück, dienten neben Münzen schon die unterschiedlichsten Gegenstände als Geld:

→ Das Gehäuse der **Kaurischnecke** war fast 3000 Jahre lang ein beliebtes Zahlungsmittel in Asien, Afrika und der Südsee. Die Verwendung reicht zurück bis in die Bronzezeit. Das Gehäuse der Schnecke war stabil, hatte eine angenehme Größe und war lange Zeit fälschungssicher.

→ Auf der Pazifikinsel Santa Cruz gab es **Federgeld.** Dafür wurden die roten Federn des Kardinalhonigfressers auf Taubenfedern geklebt. Diese wurden dann auf zwei Schnüre aus Rindenbast gebunden. Das Ergebnis war eine leuchtend rote Federrolle.

→ Nach dem Zweiten Weltkrieg gab es in Deutschland die **Zigarettenwährung**. Weil die Reichsmark wertlos geworden war, etablierten sich Zigaretten als Geld. Mit Zigaretten ließen sich auch Waren bei den amerikanischen und britischen Soldaten ergattern. Mit der Währungsreform 1948 endete die Zeit der Zigarettenwährung.

Geld kann letztlich alles sein, was zu einer bestimmten Zeit in einer Gesellschaft als Geld allgemein akzeptiert wird: Geld ist das, was als Geld gilt. Es ist nicht so wichtig, was es ist oder woraus es besteht. Wichtig ist, dass sich alle Beteiligten über den Wert einig sind.

Wovon hängt der Wert des Geldes ab?

In der Weimarer Republik gab es Geldscheine über 100 000 Mark, zwei Millionen Mark, und sogar Scheine über 100 Millionen Mark wurden gedruckt. Gewaltige Summen, aber viel konnten sich die Bürger davon nicht kaufen. Ein Laib Brot kostete zum Beispiel im Jahr 1923 wegen der Hyperinflation (siehe „Wie schlimm ist Inflation?“, S. 71) unglaubliche 201 Milliarden Mark.

Das Beispiel zeigt: Der Wert des Geldes hängt nicht von der Zahl auf der Banknote ab. Nur weil dort viele Nullen stehen, heißt das nicht, dass man sich davon auch viel kaufen kann. Geld ist, wie beschrieben, ein Zwischentauschmittel: Eine Ware oder eine Dienstleistung wird gegen Geld getauscht und später das Geld zurück gegen eine Ware oder Dienstleistung. Die entscheidende Voraussetzung dafür, dass dieser Tausch funktioniert, ist Vertrauen. Die Beteiligten müssen darauf vertrauen, dass sie sich in einigen Wochen oder Jahren ungefähr genauso viel von zum Beispiel 100 Euro kaufen können wie jetzt. Sie müssen darauf vertrauen, dass die Kaufkraft des Geldes sich nicht groß ändert. Das ist die bereits erwähnte Funktion des Geldes als Wertspeicher. Geld ist sozusagen geronnenes Vertrauen.

Historische Beispiele zeigen: Immer, wenn dieses Vertrauen verschwand, kam es zu Krisen. Die Geldgeschichte ist auch eine Geschichte des Missbrauchs dieses Vertrauens und der Geldverschlechterung. Oft war ein starker

Anstieg der Geldmenge Auslöser dieser Krisen. Um nur ein paar Beispiele zu nennen:

→ **Weniger Silber:** Zur Zeit des Kaisers Augustus lag der Silbergehalt eines römischen Denarius bei 90 Prozent. 200 Jahre später waren es nur noch 50 Prozent und wieder 50 Jahre später nur noch fünf Prozent. Die Münzen bestanden dann vor allem aus Kupfer mit einem Silberbezug. Diese Geldverschlechterung ließ die Preise für Güter und die Löhne insbesondere für die Soldaten steigen. Auch im Mittelalter setzte sich die Praxis der „Metallstreckung" in Münzen fort.

→ **Explosion der Geldmenge:** Nach den teuren napoleonischen Kriegen gab die österreichische Regierung immer größere Mengen an Papiergeld heraus, die „Bancozettel". Zwischen 1798 und 1811 stieg die Anzahl der sich im Umlauf befindlichen „Bancozettel" um 1000 Prozent. Am 20. Februar 1811 erklärte die Regierung jedoch den Staatsbankrott. Wenig später wurden die „Bancozettel" für ungültig erklärt.

→ **Funktionsverlust des Geldes:** Auch in der Weimarer Republik kam es wegen der Hyperinflation zu einer Vertrauenskrise mit dramatischen Folgen. Händler und Bauern waren nicht mehr bereit, Ware gegen Geld zu tauschen, weil es praktisch täglich an Wert verlor. Sie vertrauten dem Geld nicht mehr. Es wurde zur „heißen Kartoffel", die man nicht lange halten wollte, sondern möglichst schnell weitergab. Das Geld verlor seine wichtigen Funktionen als Tauschmittel und Mittel der Wertaufbewahrung.

Mit ihrer Geldpolitik versucht die Europäische Zentralbank EZB, die Kaufkraft des Geldes und damit das Vertrauen ins Geld zu erhalten. Ihr wichtigstes Ziel ist Preisstabilität. Vor allem über den Leitzins versucht sie, das Angebot an Gütern und die Nachfrage zu steuern, sodass es zu keinen dramatischen Preisveränderungen kommt. Dabei ist sie unabhängig. Es ist allerdings eine Gratwanderung. Denn die Entscheidungen der EZB finden in einem Spannungsfeld statt und haben weitreichende Auswirkungen (siehe „Wie schlimm ist Inflation?“, S. 77).

Bargeld und virtuelles Geld

Die Erfindung des Papiergelds war nicht das Ende der Geldentwicklung. Geld ist virtuell geworden. Viele Bezahlvorgänge finden inzwischen per Überweisung statt. Das Gehalt kommt nicht mehr in der Lohntüte wie noch bis in die 1960er-Jahre in Deutschland, sondern wird vom Arbeitgeber überwiesen. Genauso bezahlen wir die meisten unserer Rechnungen per Bankauftrag. Insgesamt finden im Jahr über 140 Milliarden Überweisungen im Euro-Raum statt. Das alles funktioniert, weil die deutschen Banken über ein sogenanntes Gironetz miteinander verbunden sind, worüber die Zahlungen abgewickelt werden. Das italienische Wort Giro bedeutet „Kreis“ oder „Umlauf". Außerdem gibt es Clearinghäuser, die Banken nutzen können, die nicht Teil des Gironetzes sind. Sie agieren als eine Art Zwischenhändler und verarbeiten und verrechnen Transaktionen zwischen den Instituten. Rund 220 Billionen Euro werden so jährlich im Euro-Raum bewegt, Tendenz steigend. Zum Vergleich: Der Wert der Banknoten im Euro-Raum liegt bei 1,5 Billionen Euro.

Mit der Zunahme des bargeldlosen Zahlens ist es für Sparer und Verbraucher wichtig, sich eines Unterschieds bewusst zu sein: Das Geld im Portemonnaie, also das Bargeld, und das Geld auf dem Konto sind nicht das Gleiche. Zwar spuckt der Geldautomat bei einer Abhebung Scheine aus, und genauso erhöht sich die Summe auf dem Konto bei einer Einzahlung. Aber tatsächlich findet in diesem Moment eine wichtige Transformation statt. Beim Bargeld handelt es sich um sogenanntes Zentralbankgeld, beim Geld auf dem Konto um Giralgeld, auch Buchgeld genannt.

Was ist der Unterschied? Vereinfacht gesagt sind die Sparer Gläubiger ihrer Bank. Das bedeutet, in Höhe ihres Bankguthabens haben Sparer eine Forderung gegenüber ihrer Bank. Sie leihen der Bank ihr Erspartes und erhalten dafür einen Zins als Entschädigung. Entsprechend tauchen die Spareinlagen in der Bankbilanz unter den Passiva auf, also dort, wo die Schulden und Verpflichtungen stehen. Auf der Aktiva-Seite stehen, nur kurz zur Abrundung, dagegen die Vermögenswerte der Bank wie zum Beispiel die vergebenen Kredite.

Solange die Geschäfte der Bank laufen, ist das kein großes Problem. Anders sieht es aus, wenn die Bank zum Beispiel wegen zu großer Verluste zahlungsunfähig wird. Es ist dann meistens nicht mehr genug Geld da, um die Forderungen der Gläubiger, also auch der Sparerinnen und Sparer, zu bedienen. Eine Pleite könnte daher dramatische Auswirkungen für die Sparer haben: Ihr Geld wäre größtenteils weg, wenn es die Einlagensicherung nicht gäbe. Die gesetzliche Einlagensicherung in der EU beträgt 100 000 Euro. Sparkassen, Volksbanken und Privatbanken in Deutschland versprechen darüber hinaus noch eine größere Absicherung. Sparer, die auf Nummer sicher gehen wollen, sollten größere Summen auf mehrere Banken verteilen (mehr dazu im Kapitel „Wo ist mein Geld sicher?").

Dieses Verlustrisiko besteht beim Bargeld nicht. Bankpleiten lassen Bargeld nicht verschwinden. Bargeld gleicht, wenn man so will, mehr einer Aktie der „Notenbank-AG" als einem Schuldschein wie das Buchgeld. Hinzu kommt, dass die Notenbank nicht pleitegehen kann, selbst bei großen Verlusten nicht. Sie ist anderen Regeln unterworfen als ein Unternehmen der freien Wirtschaft. Die „Bargeld-Aktie" kann zwar im Wert schwanken, sie kann aber nicht ausfallen. Bargeld ist deshalb extrem sicher.

Mit der wachsenden Popularität der Kryptowährungen sehen wir gerade die nächste Stufe der Geldentwicklung. Geld wird digital und dezentral. Die Bandbreite ist groß: Zahlreiche Notenbanken loten aus, wie sie ihre Währungen in die digitale Welt überführen können. Sie arbeiten an sogenannten Central Bank Digital Currencies (CBDC). Auch die EZB entwickelt eine digitale Version des Euros (siehe „Naht das Ende des Bargelds?", S. 87). Begleitet werden die Machbarkeitsstudien von Hoffnungen auf neue

Einsatzmöglichkeiten und Geschäftsmodelle auf der einen und Diskussionen um den Schutz der Privatsphäre und das Ende der Anonymität auf der anderen Seite.

Private Anbieter besonders in den USA sind weiter. Zahlreiche Stablecoins sind schon auf dem Markt. Das Besondere an Stablecoins: Die Anbieter versprechen ein festes Umtauschverhältnis zur Referenzwährung, in den meisten Fällen zum Dollar. Die Stablecoins sind dazu zum Beispiel mit Staatsanleihen hinterlegt. So sollen die Coins im Wert stabil bleiben. Der GENIUS-Act der USA befeuert die Entwicklung. Es ist bisher kaum abzusehen, wie Stablecoins die Finanzwelt und die Wirtschaft in Zukunft verändern werden.

Und dann gibt es noch den Bitcoin, für den sich immer mehr Anleger und Finanzmarkt-Akteure interessieren. Er ist noch einmal eine völlig neue Art von Geld, hart limitiert auf 21 Millionen Stück und außerhalb der staatlichen Sphäre. Weder Notenbanken noch Regierungen treffen hier die Entscheidungen, sondern die Community. Ob der Bitcoin einmal tatsächlich große Verbreitung als Zahlungsmittel findet, wie viele seiner Anhänger hoffen, scheint zwar zweifelhaft. Zu groß sind die Unwägbarkeiten. Fest steht jedoch: Damit es überhaupt passieren kann, müssen Bitcoin, Stablecoins und was auch immer in ferner Zukunft kommen mag, die gleichen Grundbedingungen erfüllen wie alle Zahlungsmittel vor ihnen, von der Kaurischnecke bis zum Euro: Geld muss eine Recheneinheit sein, wertstabil und allgemein als Tausch- und Zahlungsmittel akzeptiert sein. Es ist eine Vereinbarung, und die Menschen müssen ihrem Geld vertrauen.

02

Wie entsteht Geld?

„Die Notenbank druckt wieder Geld“ oder „Die EZB schmeißt die Druckerpresse an“: Immer wieder kann man diese Sätze hören oder lesen. Damit ist gemeint, dass die EZB (Europäische Zentralbank), die Notenbank des Euro-Raums, ihre Geldpolitik lockert. Sie macht es also günstiger und leichter, an Geld zu kommen.

Wenn man davon spricht, dass Geld „gedruckt“ wird, ist das in diesem Zusammenhang aber eher symbolisch gemeint und eine Reminiszenz an frühere Zeiten. Zwar werden Geldscheine nach wie vor gedruckt (siehe „Wie wird Geld hergestellt?“, S. 128). Aber der Großteil unseres Geldes kommt nicht mehr aus der Druckerei.

Das Bargeld macht nur einen sehr kleinen Teil der Gesamtgeldmenge aus. Es ist das alleinige Recht der Notenbank und auch eine ihrer wichtigen Aufgaben, Bargeld in Umlauf zu bringen und die Banken damit zu versorgen. Erst mit der Auszahlung wird aus den Scheinen Bargeld. Davor sind sie nur bunt bedrucktes Papier.

Der Großteil des Geldes existiert nur als virtuelles Geld, das sogenannte Buchgeld, das auch als Giralgeld bezeichnet wird. Bargeld und Buchgeld in den Händen von Nichtbanken ergeben zusammen die Geldmenge, die bei Bedarf auch noch feiner gegliedert werden kann. Die Unterteilung reicht von M0, die nur das Zentralbankgeld umfasst, bis M3 als größtem Aggregat. M3 beinhaltet neben Zentralbankgeld auch zum Beispiel die Einlagen bei Banken, Geldmarktpapiere und Schuldverschreibungen mit kurzen Laufzeiten.

Buchgeld ist vereinfacht gesagt das Geld, das im Bankensystem zirkuliert. Wenn Bargeld am Schalter bei einer Bank auf ein Konto eingezahlt wird, wird aus dem Bargeld Buchgeld. Wird das Geld wieder abgehoben, wird aus dem Buchgeld wieder Bargeld. Buchgeld existiert also nur virtuell auf den Konten bei den Banken.

Während das Bargeld gedruckt wird, entsteht Buchgeld vor allem durch die sogenannte Geldschöpfung. Fast könnte man denken, dass die Banken dabei Geld „aus dem Nichts" heraus entstehen lassen und den Banken grenzenlose Möglichkeiten der Geldvermehrung offenstehen. Oft wird das auch behauptet. Tatsächlich ist es aber doch ein bisschen anders.

Geldschöpfung findet statt, wenn Banken Kredite vergeben. Angenommen, jemand will sich ein Auto kaufen und braucht dafür 20 000 Euro von seiner Bank. Die Bank überweist nach entsprechender Prüfung das Geld auf das Konto. Mit einem Schlag taucht dort der Betrag auf. Durch einen Buchungsvorgang ist Buchgeld entstanden, scheinbar auf Knopfdruck.

Jetzt fängt die Sache allerdings an, kompliziert zu werden. Und weil die Zusammenhänge komplex sind, kursieren hier auch viele Halbwahrheiten und Mythen. Denn die Buchung eines Kredits auf das Konto eines Kunden oder einer Kundin unterschlägt den zweiten Aspekt. Zwar ist bei der Überweisung des Kreditbetrags tatsächlich zuerst einmal Geld scheinbar aus dem Nichts entstanden, und man könnte Angst um unser Geldsystem bekommen. Man stellt sich vor, wie die Banken immer mehr Kredite vergeben und immer mehr Geld schaffen, bis wir alle in Geld schwimmen und die Scheine nichts mehr wert sind. Aber das ist nicht das Ende der Geschichte, denn jetzt kommt das große Aber, und die Sache geht natürlich noch weiter. Der Prozess endet nicht damit, dass die Bank 20 000 Euro auf einem Konto gutschreibt, die der Empfänger dann für einen Autokauf verwendet. Wie es weitergeht, wird gerne unterschlagen. Dabei wird es danach richtig interessant. Denn es geht darum, wie die Bank diesen Kredit refinanziert.

Um den weiteren Ablauf zu verstehen, ist es notwendig, einen kleinen Schwenk zu machen und sich anzusehen, wie die Bilanz einer Bank aufgebaut ist. Jede Bilanz, auch die einer Bank, hat zwei Seiten: die Seite mit den Aktiva und die Seite mit den Passiva.

→ **Auf der Aktivseite** befinden sich grob gesagt die Vermögenswerte der Bank. Hier steht, was die Bank mit ihrem Geld gemacht hat. Vergibt die Bank Kredite, dann stehen diese Kreditforderungen gegenüber den Kreditnehmern auf der Aktivseite der Bilanz.

→ **Auf der Passivseite** wiederum stehen die Verpflichtungen der Bank. Das sind zum Beispiel Schulden, zu denen auch die Kontoguthaben der Kunden zählen. Das klingt vielleicht etwas verwirrend, aber tatsächlich schuldet die Bank den Kunden das Geld ja. Sie hat es sich nur geliehen, wenn man so will. Das ist besonders dann relevant, wenn die Bank pleitegeht. Denn die Kontoinhaber sind auch Gläubiger der Bank und müssen hoffen, dass sie ihr Geld wiedersehen. Glücklicherweise gibt es für solche Fälle die Einlagensicherung. Auf der Passivseite steht also, woher die Bank ihr Geld hat. Wichtig: Aktiv- und Passivseite müssen immer gleich lang sein.

Was passiert nun – stark vereinfacht dargestellt – in der Bilanz, wenn die Bank einen Kredit gewährt? Die 20 000 Euro aus dem Beispiel von oben tauchen einmal auf der Aktivseite auf – sie sind ja ein Kredit – und dann noch einmal auf der Passivseite. Denn das Geld ist ja jetzt auch Guthaben. Bilanziell passt also alles: Beide Seiten der Bilanz haben die gleiche Endsumme. Die Giralgeldschöpfung ist also buchungstechnisch nichts anderes als eine Bilanzverlängerung.

Jetzt überweist der Bankkunde das Geld für den Autokauf. Es verschwindet also von seinem Konto. Ist der Empfänger der Überweisung Kunde der gleichen Bank, ist das kein Problem. An der Bilanz ändert sich nichts. Das Geld wird intern nur von einem Konto auf ein anderes umgebucht. Solange das Geld „im Haus“ bleibt, kann die Bank munter im Rahmen der gesetzlichen Bestimmungen wie beispielsweise der Eigenkapital-Unterlegung und anderer

Grenzen Geld schöpfen. Zu den gesetzlichen Bestimmungen später mehr.

Komplizierter ist es, wenn der Empfänger der Überweisung Kunde bei einer anderen Bank ist. Denn jetzt fließt das Geld ab. Es fehlt auf der Passivseite. Beide Seiten sind nicht mehr gleich lang. Jetzt muss die Bank etwas unternehmen, sonst hat sie ein Problem. Sie muss sich das fehlende Geld besorgen.

Die Rolle der Notenbank bei der Geldvermehrung

Hier kommt für Banken in der Euro-Zone die EZB ins Spiel (den globalen Interbankmarkt lassen wir hier der Einfachheit halber außen vor). Die EZB ist der Dreh- und Angelpunkt in unserem Geld- und Finanzsystem und hat eine Fülle von Aufgaben. Sie reichen von der Verwaltung der Währungsreserven im Euro-Raum bis zur Gewährleistung von Stabilität und Sicherheit im europäischen Bankensystem. Über allem steht als vorrangige Aufgabe die Wahrung der Preisstabilität, die gleich noch Thema sein wird.

Jede im Euro-Raum zugelassene Bank hat ein Konto bei der EZB. Es erfüllt verschiedene Funktionen. Banken können dort zum Beispiel Geld einzahlen, das sie gerade nicht brauchen. Das können auch Kundeneinlagen sein. Experten sprechen von „überschüssiger Liquidität“. Auch liegt auf dem Konto die Mindestreserve, die die Notenbank von jeder Bank verlangt. Sie berechnet sich aus den Guthaben der Kunden einer Bank multipliziert mit einem von der Zentralbank festgelegten Prozentsatz. Die Mindestreserve ist ein wichtiges Sicherheitsinstrument gegen Bankenkrisen. Sie kann auch ein Steuerungsinstrument der Notenbank im Bemühen um Preisstabilität sein. Die EZB setzt dieses Instrument im Unterschied zu manch anderen Notenbanken allerdings kaum ein.

Im täglichen Zahlungsverkehr nutzen die Banken ihre Zentralbankkonten für Überweisungen untereinander. Hier wird ein Großteil der bargeldlosen Zahlungsvorgänge zwischen Banken abgewickelt. Kauft der Bankkunde aus dem Beispiel das Auto dank des Kredits, findet im Hintergrund eine Überweisung vom Zentralbankkonto seiner Bank auf das Zentralbankkonto der Bank des Verkäufers statt. Das Guthaben der Bank des Käufers bei der EZB verringert sich also um 20 000 Euro – und auf fast schon magische Weise ist die Bilanz wieder gleich lang. Denn das Zentralbankguthaben steht auf der Aktivseite der Bank. Es gehört ja zu ihrem Vermögen. Es fließen also von der Passivseite 20 000 Euro ab – durch die Überweisung an den Autoverkäufer –, und die gleiche Summe fließt von der Aktivseite ab – durch die Belastung des Kontos bei der EZB. Alles passt wieder.

Woher kommt nun das Geld auf dem Zentralbankkonto? Es können wie erwähnt die Kundeneinlagen sein. In diesem Fall hätte die Bank die Einlagen der anderen Kunden weiterverliehen. Die Bank kann sich aber auch das Geld bei der Zentralbank gegen eine entsprechende Sicherheit – meistens Wertpapiere – leihen.

Und jetzt wird es richtig magisch. Denn die Zentralbank hat nicht das Problem mit der Bilanz, wie es Geschäftsbanken haben. Leiht sich eine Bank Geld, schreibt die Zentralbank ihr die Summe auf ihrem Konto gut (Passivseite). Sie taucht außerdem als vergebener Kredit auf der Aktivseite auf. Hier passiert also erst einmal das Gleiche, wie wenn eine Geschäftsbank einem Kunden Geld leiht. Der Unterschied: Die Zentralbank muss sich keinen Gedanken darüber machen, was passiert, wenn das verliehene Geld wegüberwiesen wird. Es entsteht kein „Loch“ in der Bilanz, das durch eine Refinanzierung wieder gefüllt werden müsste.

Fließt das Geld an eine andere Bank mit einem Konto bei der EZB, bleibt alles im System. Es findet nur eine interne Umbuchung von einem zum anderen Konto statt. Es ist praktisch der gleiche Vorgang wie in dem Beispiel mit dem Autokauf, wo Käufer und Verkäufer Kunde der gleichen Bank sind. Wie erwähnt, sind die Banken im Euro-Raum ja die Kunden der EZB.

Sollte sich eine Bank das Geld in bar auszahlen lassen, gibt es auch kein Problem. Denn das im Umlauf befindliche Bargeld ist ebenfalls Teil der Passivseite der Notenbank. Das Geld würde vom Konto verschwinden und dann beim Bargeld-Posten wieder auftauchen.

Während also die Geschäftsbanken letztendlich in der Geldschöpfung beschränkt sind, kann die Notenbank tatsächlich auf Knopfdruck Geld schaffen. Sie muss sich keine Gedanken über die Refinanzierung machen.

Die Grenzen der Geldschöpfung

Die Geldschöpfung der Notenbanken ist eine Voraussetzung dafür, dass auch die Geschäftsbanken Geld schöpfen können. Zwar können Geschäftsbanken innerhalb der Regularien „Geld aus dem Nichts" schaffen. Damit dieses Geld aber zu Bargeld werden oder frei zwischen den Banken zirkulieren kann, wird eine gewisse Menge Zentralbankgeld benötigt. Die Geldschöpfung der Notenbank setzt der Geldschöpfung der Geschäftsbanken also eine Grenze.

Die Notenbanken selbst sind dabei nicht limitiert, wie es zum Beispiel zur Zeit des Goldstandards der Fall war, als das Geld durch Gold gedeckt sein musste (siehe „Ist unser Geldsystem in Gefahr?", S. 33). Deswegen wird unser Geldsystem auch als Fiat-Geldsystem bezeichnet. Der Name hat dabei nichts mit der italienischen Automarke zu tun, sondern stammt aus dem Lateinischen. „Fiat" bedeutet so viel wie „es werde" oder „es geschehe".

Doch auch wenn es keine Limitierung mehr durch die Goldvorräte gibt, gibt es bei der Geldschöpfung natürlich Grenzen, und die Notenbank achtet darauf, dass der Prozess nicht aus dem Ruder läuft. Denn wenn sich die Banken völlig frei Geld bei der Notenbank besorgen könnten, kann man sich gut vorstellen, wie sie immer mehr Kredite an ihre Kunden vergeben. Diese würden das Geld ausgeben für Autos, Fernseher, Wohnungen oder viele andere Dinge. Die Nachfrage würde steigen und damit die Preise.

Das Geld wäre damit immer weniger wert, um die Folgen einmal im Schnelldurchlauf durchzugehen. In Wahrheit ist der Prozess etwas komplexer. Mehr Einzelheiten dazu gibt es in Kapitel „Wie schlimm ist Inflation?", S. 71.

Steigende Preise und eine Geldentwertung will die Notenbank verhindern. Im Auftrag der EZB ist klar festgelegt, dass es das „vorrangige Ziel" ist, die „Preisstabilität zu gewährleisten" (Artikel 127 AEU-Vertrag). Soweit es ohne die Beeinträchtigung dieses Zieles möglich ist, kann sie auch noch die „allgemeine Wirtschaftspolitik der Union" unterstützen.

Deswegen ist die EZB auch unabhängig in ihren Entscheidungen. Niemand kann ihr dreinreden, und keine Regierung kann ihr etwas befehlen. Wäre das nicht so, könnte eine Regierung ihre Ausgaben „mit der Druckerpresse" finanzieren. Sie besorgt sich das nötige Geld dafür einfach bei der Notenbank. Auch der EZB ist Staatsfinanzierung untersagt. Neben vielen anderen Problemen würde dadurch die Gefahr bestehen, dass die Geldmenge und das Inflationsrisiko steigen. Oder eine Regierung könnte billige Kredite anordnen, wenn ihr die Notenbank unterstehen würde. Auch das könnte eine Teuerungsspirale auslösen, wie sie eben beschrieben wurde. Die Unabhängigkeit der EZB ist also extrem wichtig, damit sie sich auf die Preisstabilität fokussieren kann.

Um das Ziel der Preisstabilität zu erreichen, versucht die EZB, den Prozess der Geldschöpfung zu steuern und Fehlanreize zu vermeiden. Zentrales Mittel ist dabei der Leitzins. Er legt fest, zu welchen Konditionen sich Banken bei der EZB Geld leihen können, um damit ihr Zentralbankkonto zu füllen, was ja wiederum eine wichtige Rolle im Prozess der Geldschöpfung spielt. Die Logik dahinter: Je mehr Zinsen die Banken selbst für einen Kredit zahlen müssen, desto mehr werden sie auch von ihren Kunden verlangen. Und je teurer ein Kredit ist, desto weniger attraktiv ist er natürlich. Die Nachfrage nach Geld sinkt also, und die Geldschöpfung nimmt ab. Umgekehrt gilt: Senkt die EZB den Leitzins, wird es für die Banken günstiger, sich Geld zu leihen.

Die Mindestreserve spielt ebenfalls eine wichtige Rolle. Eine höhere Mindestreserve verknappt das Geld, das für Kredite verwendet werden kann, und erhöht deshalb ebenfalls den Preis.

Auch sonst hat der Prozess der Geldschöpfung seine Grenzen. Banken sind zum Beispiel gewissen Regulierungsvorschriften unterworfen, die sie bei der Kreditvergabe beachten müssen. So müssen Banken Kredite mit Eigenkapital unterlegen, das begrenzt ist. Ob Unternehmen und Bürger überhaupt Kredite nachfragen, ist von zahlreichen weiteren Faktoren abhängig. Dazu gehört wie schon erwähnt die Höhe der Zinsen. Aber auch die Einkommensaussichten von Verbrauchern spielen eine Rolle und ob sich eine Investition aus Unternehmenssicht rechnet. Und dann sieht sich auch die Bank die Bonität des Kunden genau an, bevor sie einen Kredit vergibt. Schließlich will sie nicht riskieren, dass der Kunde das geliehene Geld nicht zurückzahlen kann.

Man darf auch nicht vergessen, dass das geschöpfte Buchgeld auch wieder verschwinden kann: Zahlt der Kunde den Kredit zurück, läuft der ganze Prozess in die andere Richtung. In dem hypothetischen Fall, dass alle ihre Schulden bei den Banken gleichzeitig zurückzahlen, würde das gesamte durch Kredite geschaffene Buchgeld wieder verschwinden.

Trotz dieser Einschränkungen bei der Geldschöpfung ist die Verschuldung in den vergangenen Jahrzehnten immer weiter gestiegen. Das befeuert die Diskussion darüber, ob unser Geld möglicherweise in Gefahr ist (siehe „Ist unser Geldsystem in Gefahr?“, S. 40).

03

Ist unser Geldsystem in Gefahr?

„Ich habe Finanzminister Connally angewiesen, vorübergehend die Konvertibilität des Dollar in Gold oder andere Reservewährungen auszusetzen, ausgenommen bei Beträgen und unter Bedingungen, die als im Interesse der Währungsstabilität und als im besten Interesse der Vereinigten Staaten liegend betrachtet werden." Dieser Satz des amerikanischen Präsidenten Richard Nixon in einer Fernseh- und Rundfunkansprache am 15. August 1971 legte die Grundlage für das Geldsystem, wie wir es heute kennen.

Unser Geldsystem als Ganzes durchlief viele Veränderungen, genau wie sich unser Geld entwickelt hat – von den ersten Münzen in Lydien im 7. Jahrhundert vor Christus bis zu den „Credityf-Zedel" der Stockholms Banco im 17. Jahrhundert, die das Papiergeld in Europa populär machten (siehe „Was ist Geld?", S. 11). Die Ankündigung des amerikanischen Präsidenten im Jahr 1971, die Goldbindung des Dollars aufzuheben, läutete eine weitere wichtige Veränderung ein.

Vor den historischen Worten Nixons basierte das Geldsystem noch auf den Regeln, die 1944 in Bretton Woods festgelegt worden waren. In dem kleinen Ferienort in New Hampshire trafen sich damals in Erwartung des baldigen Endes des Zweiten Weltkriegs die Vertreter von 44 Nationen, um über die künftige Weltwährungsordnung zu beraten. Nach gut drei Wochen Verhandlungen einigten sie sich. Die wichtigsten Punkte waren: Der Dollar wird zu 35 Dollar je Feinunze fest ans Gold gekoppelt. Die Teilnehmer des Bretton-Woods-Systems verpflichten sich, ihre Währung in einer engen Bandbreite zum Dollar stabil zu halten. Außerdem wird der Internationale Währungsfonds (IWF) gegründet und mit Kapital ausgestattet, um das System zu stabilisieren.

Die teilnehmenden Staaten knüpften damit an den Goldstandard an, den Großbritannien bereits im Jahr 1821 als erstes Land offiziell eingeführt hatte. Großbritannien nahm damit eine Sonderrolle ein. Denn die meisten westlichen Währungen waren damals noch silberbasiert. Das bedeutete, sie mussten mit einer gewissen Menge Silber unterlegt werden. Im Jahr 1872 entschied sich jedoch das soeben gegründete Deutsche Reich, ebenfalls von einer silber- auf eine goldbasierte Währung zu wechseln.

Dieser Wechsel war so etwas wie die Initialzündung für andere Länder, ebenfalls auf den Goldstandard umzusteigen. Der Grund: Das Deutsche Reich war nach dem Sieg im Deutsch-Französischen Krieg (1870/71) die dominierende Macht auf dem Kontinent mit einer starken Wirtschaft.

Den gleichen Währungsstandard zu haben, erleichterte den anderen Ländern den Handel mit Deutschland. So entstand nach und nach das, was inzwischen „klassischer Goldstandard" genannt wird. Goldstandard bedeutete, dass der Staat in einem Gesetz einen festen Kurs zwischen der nationalen Währung und einer Unze Gold festsetzt. Wer wollte, konnte zu diesem Kurs sein Geld bei einer Bank gegen Gold eintauschen. Dieses Gold gehörte entweder dem Staat oder der Zentralbank. Die Koppelung ans Gold zwang die Staaten zu einer disziplinierten Haushaltspolitik. Sie konnten sich nicht nach Belieben verschulden. Für die Wirtschaft war der Vorteil, dass durch die Goldbindung der Handel mit dem Ausland leichter wurde: Die Koppelung der Währungen ans Gold fixierte de facto die Wechselkurse.

Allerdings war es nicht so, dass die Währung zu hundert Prozent mit Gold unterlegt war. Wenn alle zur gleichen Zeit ihr Geld hätten tauschen wollen, hätte das nicht geklappt. Die tatsächliche Reservequote lag niedriger und sank in manchen Ländern mit der Zeit.

Das Ende des klassischen Goldstandards

Der Erste Weltkrieg läutete das Ende des klassischen Goldstandards ein. Die Länder mussten schnell ihre Rüstungsausgaben erhöhen. Die geforderte Unterlegung neuer

Geldscheine mit Gold stand dem im Wege. In den USA hielt der Goldstandard noch etwas länger. Den Krieg hatten die USA noch finanzieren können, ohne die Bindung des Dollars an das Gold zu lösen. Das massive staatliche Ausgabenprogramm des „New Deal" unter Präsident Franklin D. Roosevelt als Reaktion auf die Große Depression brachte allerdings im Jahr 1933 das Ende der Edelmetalldeckung.

Das Bretton-Woods-System war eine Art „verwässerter Goldstandard". Nur der Dollar war noch ans Gold gekoppelt, alle anderen Währungen an den Dollar. Die Kopplung bereitete den Weg für den Dollar als Weltleitwährung, eine Rolle, die er bis heute innehat.

Doch das System hatte ein Problem: Mit den Jahren importierten die USA mehr und mehr Waren, als sie exportierten. Das Zahlungsbilanz-Defizit wuchs immer weiter an und erreichte im Jahr 1969 einen Wert von sieben Milliarden Dollar. Das war fast das Sechsfache des durchschnittlichen Defizits in den 1950er-Jahren. Immer mehr Dollar flossen in die Welt hinaus.

Um die im Bretton-Woods-System festgelegten Wechselkurse zu halten, mussten Notenbanken wie beispielsweise die Bundesbank eingreifen, um eine Abwertung des Dollars zu verhindern. Das bedeutete, sie kauften Dollar auf und verkauften dafür ihre eigene Währung. Dadurch stiegen die Dollarreserven im Ausland immer stärker und ließen die Zweifel wachsen, ob die USA die Golddeckung würden aufrechterhalten können. Besonders Frankreich tauschte aggressiv Dollar gegen Gold ein. Der französische Präsident Charles de Gaulle schickte in den 1960er-

Jahren sogar Schiffe, um die Dollar-Reserven zu tauschen und das dafür erhaltene Gold nach Frankreich zu transportieren. Die steigenden Staatsausgaben der USA, nicht zuletzt verursacht durch den teuren Vietnam-Krieg, untergruben das Vertrauen weiter. Daher entschied Nixon sich schließlich zu dem radikalen Schritt und hob die Goldbindung auf.

Die einseitige Beendigung der Vereinbarung von Bretton Woods traf die Welt völlig unvorbereitet. Dieser „Nixon-Schock“ läutete eine neue Ära ein. Es entstand das heutige Geldsystem mit frei schwankenden Wechselkursen, das als Fiat-Geldsystem oder auch Fiat-Kreditgeldsystem bezeichnet wird.

Der Name Fiat leitet sich aus dem Lateinischen ab und bedeutet so viel wie „es werde“ oder „es geschehe“. Analog zum biblischen „Fiat lux“ – zu Deutsch „Es werde Licht“ – ist damit gemeint, dass die Notenbanken nach dem Motto „Es werde Geld“ quasi Geld per Knopfdruck „aus dem Nichts“ entstehen lassen können (siehe „Wie entsteht Geld?“, S. 26). Sie sind dabei nicht wie noch im Goldstandard durch eine vorgeschriebene Deckung der Banknoten limitiert.

Auf der einen Seite hat dieses System unbestreitbare Vorteile: Die Notenbank kann über ihre Geldpolitik die Konjunktur stimulieren, wenn die Wirtschaft in eine Krise rutscht. Niedrige Zinsen machen Kredite attraktiver und können so für neue Investitionen sorgen. Auch die Regierung kann durch schuldenfinanzierte Ausgabenprogramme gegensteuern und das Wachstum ankurbeln. Sonst müsste der Staat sparen, wenn die Einnahmen wegen des schwachen Wachstums sinken, und würde so die Krise noch verstärken.

Der Nachteil: Auch in guten Zeiten können die Staaten mehr ausgeben, als sie einnehmen. Mit immer höheren Ausgaben können Regierungen ihre politischen Ziele finanzieren oder wichtige Wählergruppen mit staatlichen Leistungen oder Vergünstigungen umgarnen. Was fehlt, können sich die Regierungen ja leihen. Geld ist im Prinzip reichlich vorhanden und nicht mehr durch einen Faktor wie die Goldreserven limitiert.

Wie sich Staaten Geld leihen

Ihren Kreditbedarf stillen Staaten in aller Regel mit der Ausgabe von Anleihen. Diese Staatsanleihen werden Investoren zum Kauf angeboten. In Deutschland zum Beispiel übernimmt diese Rolle die Finanzagentur, die dem Bundesfinanzministerium gehört. Sie ist für die Finanzierung des Bundes zuständig und platziert unter anderem die nötigen Staatsanleihen, die im Falle Deutschlands Bundesanleihen genannt werden.

Ob es genügend Käufer gibt, hängt entscheidend davon ab, ob die Verzinsung der Anleihen attraktiv ist. Denn schließlich wollen die Investoren dafür entschädigt werden, dass sie einem Staat Geld leihen. Die Höhe der geforderten Verzinsung hängt von verschiedenen Faktoren ab.

Wichtig ist die Kreditwürdigkeit des Staates, auch Bonität genannt. Je größer die Gefahr, dass der Staat seine Schulden nicht zurückzahlen kann, desto höher ist die Risikoprämie, die die Investoren verlangen. Ratingagenturen sind darauf spezialisiert, die Bonität von Staaten zu untersuchen. Als die wichtigsten gelten Moody's, Fitch und Standard & Poor's. Für die Beurteilung schauen sich Experten zum Beispiel die Wirtschaftskraft, die Höhe der Einnahmen, die Höhe der Ausgaben und den Schuldenstand an. Das Ergebnis fließt in eine Note.

Deutschland hat die Bestnote AAA (beziehungsweise Aaa in der Schreibweise von Moody's). Statt „AAA" sagen Profis „Dreifach-A" oder „Triple-A". Diese Note bedeutet, dass Bundesanleihen als sehr sicher gelten. Deutschland muss daher relativ geringe Zinsen zahlen, um Käufer für seine Anleihen zu finden.

Die Bonität ist die Basis. Wie hoch die tatsächliche Verzinsung ist, die Deutschland und andere Staaten bieten müssen, ist zusätzlich von einem komplexen Zusammenspiel verschiedener Faktoren abhängig. Dazu gehören die Inflationserwartungen der Investoren. Je höher die Inflation ist, mit der in den kommenden Jahren gerechnet wird, desto höher die Entschädigung, die die Investoren in Form von Zinsen normalerweise verlangen. Inflation bedeutet ja, dass das Geld an Kaufkraft verliert. Die Verzinsung sollte diesen Wertverlust zumindest ausgleichen. Weitere wichtige Aspekte, die über den Cupon – so wird die Verzinsung einer Anleihe in der Fachsprache genannt – entscheiden, sind zum Beispiel die Laufzeit und das Renditeniveau am Markt.

Immer mehr Schulden

Staaten – wie auch Unternehmen und Verbraucher – haben die neuen Verschuldungsmöglichkeiten des Fiat-Geldsystems reichlich genutzt. Nachdem die weltweite Staatsverschuldung nach dem Zweiten Weltkrieg für viele Jahre sank, stieg sie ab den 1970er-Jahren rasant an. Sie betrug im Jahr 2023 nach Angaben des IWF fast 250 Billionen Dollar. Knapp 100 Billionen Dollar entfallen auf die Schulden der Staaten. Deutschland kommt dabei auf umgerechnet rund 2,6 Billionen Euro.

Auch wenn man die Zahlen ein bisschen einordnet, wird es nicht besser. Die absolute Höhe der Schulden, so dramatisch sie auch klingt, ist ja erst einmal nur bedingt aussagekräftig. Wichtiger ist, was den Schulden gegenübersteht. Es macht einen Unterschied, um es an einem Beispiel zu verdeutlichen, ob eine Person Schulden in Höhe von 100 000 Euro hat und jeden Monat 10 000 Euro verdient, oder ob das Gehalt nur bei 3000 Euro liegt. Oder, um einen anderen Vergleich zu wählen, ob die Person über Vermögen wie beispielsweise Immobilien verfügt oder kaum etwas besitzt. Die Schulden eines Staates werden daher in aller Regel in Prozent des Bruttoinlandsprodukts (BIP) angeben.

Das macht einen Vergleich über längere Zeiträume und auch zwischen einzelnen Ländern möglich. Aber auch in dieser Betrachtungsweise könnte einem mulmig werden. Denn die Welt war im Jahr 2023 mit insgesamt fast 240 Prozent ihrer Wirtschaftsleistung verschuldet. Das ist fast doppelt so viel wie zu Beginn der 1970er-Jahre. Die

Staatsverschuldung macht mehr als 90 Prozent des BIP aus. Hier hat sich der Wert seit den 1970er-Jahren fast verdreifacht. Betrachtet man ausschließlich die Industrieländer, hat sich die Staatsverschuldung relativ zum BIP sogar fast vervierfacht.

In Büchern und Internetvideos wird daher immer häufiger die Frage diskutiert: Wo soll das alles enden? Wie sollen die hohen Schulden jemals bezahlt werden? Sind die einzigen Auswege Pleite oder Inflation?

Beschrieben wird dabei oft eine Abwärtsspirale: Die hohen Schulden verschlechtern die Bonität der Staaten – manifestiert in Herabstufungen durch die Ratingagenturen oder in der Wahrnehmung der Anleger. Investoren verlangen für das höhere Risiko dann höhere Zinsen. Dadurch müssen die Staaten immer mehr für Zinszahlungen leisten und haben noch weniger Geld zur Verfügung. Zuletzt zahlte der Bund zum Beispiel rund 37 Milliarden Euro an Zinsen (Stand 2024), bei den USA sind es sogar knapp eine Billion Dollar. Die Folge der hohen Zahlungen: Die Staaten müssen sich – wenn sie nicht sparen wollen oder können – noch mehr Geld leihen, was wiederum die Zinsausgaben weiter erhöht und so weiter. Am Ende sehen die Staaten keinen anderen Ausweg als den Bankrott mit einer anschließenden Währungsreform.

Oder aber die Notenbanken springen dem Staat zur Seite – obwohl das verboten ist. Sie halten die Zinsen niedrig und bekämpfen nicht so konsequent, wie sie sollten, die Inflation. Das verschafft den Staaten Luft. Falls sich nicht genügend Käufer finden, könnten die Notenbanken auch selbst aktiv werden und Staatsanleihen aufkaufen, um so für die nötige Nachfrage zu sorgen. Beides birgt erhebliche Inflationsgefahren. Aber zumindest würde so ein Staatsbankrott verhindert.

Pleite und Inflation – keine rosigen Szenarien, auf die das Fiat-Geldsystem in diesen Vorhersagen zusteuert. Ein Staatsbankrott würde sowohl das Finanzsystem als auch die Wirtschaft erschüttern, hohe Inflation das Geld immer wertloser machen und im Extremfall das Vertrauen in Papiergeld untergraben.

Vorschläge für ein anderes Geldsystem

Wegen dieser Gefahren wird immer wieder über Alternativen zu unserem Geldsystem diskutiert. Manche Vorschläge wie das sogenannte Marktgeld, das auf den österreichischen Ökonomen Friedrich August von Hayek (1899–1992) zurückgeht, kursieren dabei vor allem in der Fachliteratur. Die Idee hinter dem Marktgeld: Der Staat verliert das Geldmonopol, das Geldsystem wird privatisiert. Es würde kein einheitliches Geld mehr geben, sondern viele verschiedene. Jeder könnte sein eigenes Geld auf den Markt bringen. Wie bei Produkten in einer Marktwirtschaft würden auch beim Geld Wettbewerb und Konkurrenzkampf herrschen. Die Hoffnung: Das Geld, dem die meisten Menschen vertrauen, setzt sich irgendwann durch, und das „schlechte" Geld verschwindet.

Eine weitere Idee, das „Vollgeld“, wurde sogar Gegenstand einer breiten Debatte: Im Jahr 2018 konnten die Schweizer in einer Volksabstimmung darüber entscheiden, ob das Land zum Vollgeld übergehen soll. Das Vollgeld geht auf den US-Ökonomen Irving Fisher (1867–1947) zurück, der sich viel mit den Ursachen der Weltwirtschaftskrise von 1929 beschäftigte. In einem Vollgeld-System gäbe es keine Geldschöpfung, wie sie jetzt möglich ist. Die Banken könnten kein Buchgeld mehr schaffen, mit dem sie die Geldmenge immer weiter vergrößern (siehe „Wie entsteht Geld?“, S. 23). Buchgeld ist vereinfacht gesagt das Geld, das im Bankensystem zirkuliert. In unserem jetzigen System können Banken über die Kreditvergabe immer mehr Buchgeld kreieren, ohne dass die Zentralbank direkten Einfluss darauf hat. Im Vollgeld-System gäbe es nur noch Zentralbankgeld, das heißt Bargeld und das Geld, das sich Banken bei der Zentralbank leihen. Die Zentralbanken hätten also die volle Kontrolle über die Geldmenge und könnten sie steuern. Kreditexzesse sollen dadurch vermieden werden. Die Schweizer lehnten die Vollgeld-Initiative jedoch mit großer Mehrheit ab.

Auch der Erfolg des Bitcoins lässt sich zum Teil mit dem wachsenden Misstrauen gegenüber dem gegenwärtigen Geldsystem erklären, zu dem die Kryptowährung eine Alternative sein will. „Das Hauptproblem bei konventionellen Währungen ist das Vertrauen“, heißt es in dem Post, in dem Satoshi Nakamoto seine Idee einer dezentralen Währung vorstellte. „Man muss den Zentralbanken vertrauen, dass sie die Währung nicht entwerten, aber die Geschichte der Fiat-Währungen ist voll von Verstößen gegen dieses

Vertrauen. Man muss den Banken vertrauen, dass sie unser Geld aufbewahren und elektronisch überweisen, aber sie verleihen es in Wellen von Kreditblasen ..." Bitcoin soll die Antwort darauf sein. Die Kryptowährung ist auf 21 Millionen Stück limitiert, und alle Transaktionen sind einsehbar. Die Hoffnung: Ist das Geld begrenzt, werden sich viele Probleme wie die ausufernde Verschuldung lösen. Daher auch der Spruch der Bitcoin-Anhänger „Bitcoin fixes this" (siehe „Naht das Ende des Bargelds?", S. 95).

Allerdings lässt sich nicht sagen, ob unser Geldsystem tatsächlich dem Untergang geweiht ist, wie die Kritiker warnen. Die Entwicklung der Schulden sieht zwar dramatisch aus. Aber niemand weiß, ob es eine Grenze gibt und wo diese Grenze liegt. Japan zum Beispiel ist mit fast 240 Prozent seiner Wirtschaftsleistung verschuldet (Stand 2024). Das ist fast viermal so hoch wie die deutsche Staatsverschuldung.

Es darf auch nicht außer Acht gelassen werden, dass Staaten aus ihren Schulden „herauswachsen" können. Wächst die Wirtschaftsleistung schneller als die Verschuldung, verbessert sich die Tragfähigkeit. Die Schuldenhöhe gemessen am BIP sinkt. Nach dem Zweiten Weltkrieg gelang es zum Beispiel den Vereinigten Staaten, auf diesem Wege die enorme Verschuldung zu reduzieren. Sie fiel von über 110 Prozent des BIP im Jahr 1945 auf rund 25 Prozent im Jahr 1974. In etwas kleinerem Ausmaß sank auch die deutsche Staatsverschuldung in den vergangenen Jahren. Sie ging von 81 Prozent des BIP im Jahr 2010 auf 58 Prozent im Jahr 2019 zurück, bevor sie im Zuge der Coronakrise wieder anstieg.

Schließlich sollte man die Möglichkeit einer radikalen Kehrtwende nicht unterschätzen. Wird der Druck zu groß, wächst die Bereitschaft für harte Einschnitte und einen Politikwechsel. Die Pleite vor Augen und aufgrund des Drucks der anderen Eurostaaten kürzte zum Beispiel die griechische Regierung während der Schuldenkrise die staatlichen Ausgaben von 128 Milliarden Euro im Jahr 2008 um über 30 Prozent auf 87 Milliarden Euro im Jahr 2016. In dieser Zeit entwickelte sich das Primärdefizit, also das Haushaltsdefizit vor Zinszahlungen, von 12,9 Milliarden Euro zu einem Primärüberschuss von 6,1 Milliarden Euro (3,5 Prozent des BIP). Mit radikalen Maßnahmen verwandelte auch Argentinien nach Jahren des Niedergangs sein Haushaltsdefizit von 5,3 Prozent des BIP im Jahr 2023 in einen kleinen Überschuss von 0,9 Prozent im Folgejahr.

Das alles soll nicht heißen, dass die hohe Verschuldung in der Welt kein Grund zur Sorge ist. Der „Weg in den Untergang" ist aber nicht so vorgezeichnet und unausweichlich, wie es manchmal dargestellt wird.

04

Warum zahlen wir mit dem Euro?

Ecu war als Name im Gespräch, auch Taler, Ducat, Franken und Florin. Doch dann einigte sich der Europäische Rat 1995 auf „Euro" als Namen für die neue europäische Einheitswährung. Für die Wortneuschöpfung sprach die Nähe zum Wort „Europa", aber auch, dass das Wort in allen Amtssprachen der Europäischen Union gleich geschrieben wird und leicht auszusprechen ist.

Inzwischen ist das Bezahlen in Euro und Cent alltäglich geworden. Doch tatsächlich ist eine Einheitswährung etwas wirklich Besonderes, und das Finden eines Namens für die gemeinsame Währung war dabei eher eines der kleineren Probleme.

Geld ist nicht nur für Menschen ein sensibles Thema, sondern auch für Staaten. Eine eigene Währung zu besitzen, wird im Allgemeinen als Ausdruck nationaler Souveränität gesehen, ähnlich wie vielleicht eine eigene Armee.

Schon der französische Jurist Jean Bodin zählte in seinem Werk „Über den Staat“ aus dem 16. Jahrhundert das Münzrecht zu den Souveränitätsmerkmalen eines Staates. Daran hat sich bis heute wenig geändert: Es gibt 195 Staaten, die von den Vereinten Nationen anerkannt sind, und fast genauso viele Währungen, nämlich 160. Auch fast 500 Jahre nach Bodin gilt immer noch das Prinzip „Ein Staat – eine Währung“. Dass also mittlerweile 20 Staaten mit dem Euro eine gemeinsame Währung haben und nicht mehr mit Drachme, Franc, Peseta, Lira, Gulden, Escudo oder D-Mark zahlen, ist eine Seltenheit.

Es gibt es nicht nur emotionale Gründe, sondern auch handfeste ökonomische, warum es für viele Staaten Sinn ergibt, über eine eigene Währung zu verfügen. Die Geldpolitik ist ein wichtiger Hebel, um Einfluss auf die Konjunktur zu nehmen. Senkt die Notenbank den Leitzins und lockert ihre Geldpolitik, werden Kredite günstiger. Das erleichtert Investitionen und Konsumausgaben auf Pump. Die erhöhte Nachfrage kann die Wirtschaft anschieben und das Wachstum stimulieren.

Genauso ist die Geldpolitik wichtig, um Preisstabilität zu gewährleisten. Steigt die Inflation, kann die Notenbank mit Zinserhöhungen gegensteuern. Der beschriebene Prozess läuft dann in die andere Richtung: Kredite werden teurer, und die Nachfrage sinkt. Das kühlt die Wirtschaft ab, und wegen der sinkenden Nachfrage sinken idealtypisch die Preise.

Beides ist einfacher, wenn die Notenbank nur die Bedürfnisse eines Landes im Blick haben muss. Im Euro-Raum zeigt sich regelmäßig, welche Herausforderungen sich stellen, wenn es anders ist. Der Euro-Raum ist sehr heterogen und damit kein optimaler Währungsraum, wie Ökonomen sagen. Die Konjunkturzyklen unterscheiden sich zwischen den Ländern. Während in einem Land die Wirtschaft läuft, kriselt sie im anderen. Die Zahlen illustrieren, was damit gemeint ist. Im Jahr 2024 lag die Inflation in Deutschland bei 2,5 Prozent, in Italien bei 1,1 Prozent und in Belgien bei 4,3 Prozent. Umgekehrt schrumpfte die Wirtschaft in Deutschland und Österreich, während sie in Spanien um über drei Prozent wuchs. Welcher Zinssatz ist angemessen? Für einige Länder ist er zu hoch, für andere zu niedrig. Die EZB muss regelmäßig den Spagat schaffen.

Die Zinspolitik hat Bedeutung über Steuerung von Konjunktur und Inflation hinaus. Sie ist einer der Faktoren, die den Wert einer Währung beeinflussen. Entschieden wird darüber am Devisenmarkt. Jeden Tag werden an diesem gewaltigen Markt Devisen im Wert von rund 7,5 Billionen Dollar gehandelt. Er ist der größte und liquideste Finanzmarkt der Welt. Hier entscheidet sich, ob eine Währung gegenüber anderen Währungen auf- oder abwertet.

Was den Wert einer Währung bestimmt

Der Wert einer Währung hängt wie so vieles in der Wirtschaft und im Finanzsystem von der Nachfrage ab. Sie ergibt sich bei Währungen aus einem komplexen Zusammenspiel verschiedener Faktoren. Die Zinserwartungen gehören dazu und auch die Inflationserwartungen. Dabei haben die Investoren immer Währungspaare im Blick, die sie bewerten. Die wichtige Frage: Welche Währung ist lukrativer? Wo sind die Aussichten besser? Das Augenmerk liegt dabei in der Regel auf der Realverzinsung. Sie ist positiv, wenn die Zinsen oberhalb der Inflation liegen, und negativ, wenn die Inflation die Zinsen übersteigt. Das Geld fließt dorthin, wo Aussichten auf eine attraktive Realverzinsung bestehen. Die Investoren kaufen dafür zum Beispiel Staatsanleihen des entsprechenden Landes. Dafür brauchen sie dessen Währung. Durch die Nachfrage wertet diese Währung auf.

Die unterschiedlichen Zinsniveaus und Erwartungen an die weitere Wechselkursentwicklung locken Spekulanten an. Beliebt sind zum Beispiel die sogenannten Carry Trades. Dabei verschuldet sich der Spekulant in einer niedrig verzinsten Währung. Das Geld legt er dann in einer höher verzinsten Währung an, häufig am Geldmarkt in Form kurzlaufender Staatsanleihen oder Papieren, die den Notenbank-Zins abbilden. Seine Hoffnung: Die Rendite ist höher als die Kreditkosten, die er zahlen muss. Das Risiko dieser Spekulation liegt in Zinsänderungen und insbesondere in Wechselkursschwankungen. Wertet die Währung, in der er sich verschuldet hat, auf, kann es teuer werden. Die Rechnung geht dann nicht mehr auf. Der Spekulant muss dann einen deutlich höheren Betrag zurückzahlen als gedacht.

Eine kleine Beispielrechnung mit einem Währungspaar, das bei Spekulanten gerne für Carry Trades genutzt wurde, verdeutlicht, wie schnell es gehen kann. Der Spekulant leiht sich eine Million Yen. Dafür zahlt er einen Kreditzins in Höhe von einem Prozent. Der Wechselkurs Yen zu Dollar liegt bei 0,0067 Dollar. Für eine Million Yen erhält der Spekulant also 6700 Dollar, die er zum Zinssatz von vier Prozent investiert, Nach einem Jahr belaufen sich die Erträge auf 268 Dollar. Solange die Wechselkurse stabil sind oder, wie meist üblich, sich in schmalen Korridoren bewegen, ist alles gut. Das Geschäft ist profitabel. Noch besser wird es sogar, wenn der Dollar aufwertet.

Es kann für den Spekulanten aber auch in die andere Richtung gehen, denn in Ausnahmesituationen kann es sein, dass eine Währung sehr schnell aufwertet. In der Finanzkrise legte der Yen zum Beispiel innerhalb weniger Tage um zehn Prozent zu. Auch überraschende Zinserhöhungen oder Interventionen der Notenbank – dazu später mehr – können zu heftigen Reaktionen an den Devisenmärkten führen.

In solchen Situationen hat der Spekulant ein Problem. Angenommen, der Yen gewinnt überraschend fünf Prozent an Wert. Dann erhält der Spekulant nicht mehr rund 149 Yen für einen Dollar – also das Gegenstück zum Yen-Dollar-Kurs beim ersten Tausch –, sondern nur noch 141,55 Yen. Statt 6700 Dollar braucht er nun also über 7000 Dollar, um den Kredit in Höhe von einer Million Yen zurückzuzahlen.

In Wahrheit sind die Summen, um die es bei solchen Geschäften geht, viel größer. Deshalb lassen es Spekulanten im Normalfall erst gar nicht so weit kommen. Drohen ihre Wetten zu platzen, reagieren sie schnell. Sie schließen die Fremdwährungsposition, um ihr Verlustrisiko zu minimieren. Deshalb können die Folgen dieser Rückabwicklung von Carry Trades sehr heftig sein. Eine Verkaufswelle führt im Zielland der Trades zu fallenden Kursen und Kapitalabflüssen.

Einem ähnlichen Kalkül folgen Fremdwährungskredite. Banken und Finanzvermittler bieten Unternehmen und auch Privatpersonen an, sich zum Beispiel bei der Baufinanzierung in einer fremden Währung zu verschulden, um von günstigeren Zinsen und Wechselkurseffekten zu profitieren. Diese Kredite sind allerdings sehr spekulativ, weil sich die Entwicklung auf den Finanzmärkten nicht prognostizieren lässt. In Österreich sind Fremdwährungskredite an private Kreditnehmer zum Beispiel von wenigen Ausnahmen abgesehen verboten, nachdem eine Zeit lang Kredite in Schweizer Franken beliebt waren.

Neben Carry Trades sind auch Devisentermingeschäfte, Optionen und Forex-Futures für Profis eine Möglichkeit, am Währungsmarkt zu spekulieren. Dabei wetten sie darauf, dass sich der Wechselkurs eines Währungspaares in die gewünschte Richtung entwickelt.

Wirtschaft und Wechselkurse

Nicht nur Spekulanten schauen auf die Wechselkurse, auch Unternehmen tun das. Das Auf und Ab der Kurse kann die Geschäfte und damit die Gewinne stark beeinflussen. Häufig kommt es zu gegenläufigen Effekten:

→ **Starke Währung:** Importierte Güter werden billiger, wenn die Währung des importierenden Landes aufwertet. Relevant ist das vor allem bei Rohstoffen wie beispielsweise Öl, das in Dollar gehandelt wird. Gewinnt der Euro gegenüber dem Dollar an Wert, kostet das Öl in Euro gerechnet weniger. Fällt der Dollar gegenüber dem Euro von 0,95 Euro auf 0,93 Euro für einen Dollar, muss ein Käufer in Deutschland bei einem Preis von 70 Dollar je Barrel nicht mehr 66,50 Euro zahlen, sondern nur noch 65,10 Euro. Auf der anderen Seite verteuert eine starke Währung die Exporte des Exportlandes. Wertet der Euro gegenüber dem Dollar auf, müssen also beispielsweise für einen Euro 1,06 Dollar bezahlt werden, statt wie vorher 1,04 Dollar, kostet eine Maschine für 1500 Euro, die eine Firma von Deutschland in die USA exportieren will, für den amerikanischen Käufer statt 1560 Dollar jetzt 1590 Dollar. Das kann die Nachfrage nach deutschen Maschinen verringern, weil dann zum Beispiel die vergleichbare Maschine des US-Konkurrenten für 1580 Dollar günstiger ist. Hält die deutsche Firma dagegen ihren Preis konstant bei 1560 Dollar, um keine Kunden zu verlieren, hat sie ein anderes Problem: Der Wechselkurs-Effekt schmälert den Gewinn, sie nimmt für jeden Dollar umgerechnet weniger Euro ein.

→ **Schwache Währung:** Wertet eine Währung ab, laufen die Effekte in die andere Richtung. Importe werden für den betreffenden Währungsraum teurer, aber die Absatzchancen für die Exportwirtschaft verbessern sich. Die Produkte werden für die Kunden im Ausland günstiger.

Wer kein Risiko eingehen will, sichert sich durch sogenannte Hedging-Geschäfte ab. Hierbei garantieren in der Regel Banken gegen eine Gebühr einen vereinbarten Wechselkurs.

Um das Wirtschaftswachstum zu fördern, sind Notenbanken manchmal versucht, die eigene Währung zu schwächen. Sie halten die Zinsen tendenziell niedrig und greifen am Devisenmarkt ein. Durch Verkäufe der eigenen Währung im großen Stil drücken sie die Wechselkurse gegenüber den Währungen der Handelspartner. Durch eine solche Abwertung können sie die Wettbewerbsfähigkeit der heimischen Unternehmen im Ausland erhöhen. Das ist aber eine riskante Strategie. Denn andere Notenbanken könnten im Gegenzug das Gleiche versuchen. Kommt es zu einem Abwertungswettlauf, spricht man von einem Währungskrieg.

Ähnlich wie bei der Geldpolitik zeigt sich auch hier das Opfer, das die Staaten durch den Wechsel zum Euro als gemeinsamer Währung brachten. Der Weg der Abwertung ist ihnen nun versperrt. Wenn sie Kostennachteile ausgleichen wollen, müssen sie durch Reformen und Verzicht dafür sorgen, dass die Produkte relativ zur Konkurrenz wieder günstiger werden. Das wird interne Abwertung genannt.

Erfolge und Herausforderungen des Euros

Trotz dieser Einschränkungen führten zwölf Länder 1999 den Euro als Buchgeld und drei Jahre später als Bargeld ein. Der Euro wurde zur Währung für über 300 Millionen Menschen. Großbritannien, Dänemark und Schweden behielten ihre nationalen Währungen. Als unabhängige Hüterin wacht seitdem die EZB über die Stabilität des Euro. Jeder Euro-Staat ist mit einer Stimme im EZB-Rat vertreten, wo die geldpolitischen Entscheidungen von den Präsidenten und Präsidentinnen der nationalen Zentralbanken getroffen werden.

Der EZB-Rat ist das höchste Entscheidungsgremium im Eurosystem. Teil des EZB-Rats ist auch das Direktorium, das aus sechs Mitgliedern besteht. Dazu gehört der EZB-Präsident beziehungsweise die EZB-Präsidentin. Die Amtszeit dauert acht Jahre und kann nicht verlängert werden. Ist eine Neubesetzung nötig, schlagen die Euro-Staaten einen Kandidaten vor, der dann vom Europäischen Rat ernannt wird, dem Gremium der europäischen Staats- und Regierungschefs.

Rund 25 Jahre nach seiner Einführung ist der Euro inzwischen die zweitwichtigste Währung der Welt. Gut 20 Prozent der Devisenreserven entfallen auf ihn, rund 60 Prozent sind es beim Dollar. Auch im internationalen Handel hat er eine große Bedeutung. Knapp 60 Prozent der Warenausfuhren in Länder außerhalb des Euro-Raums und sogar 62 Prozent des Dienstleistungshandels mit Ländern außerhalb des Euro-Raums werden in Euro in Rechnung gestellt.

Die Zahlen zeigen, dass es auch Vorteile haben kann, seine eigene Währung aufzugeben. Wohl kaum ein Staat hätte sonst damals den Schritt in Richtung einer gemeinsamen Währung gemacht.

Der große Vorteil liegt im Handel. Gibt es eine gemeinsame Währung, entfällt das Risiko von Wechselkursschwankungen. Die Unternehmen im Euro-Raum müssen sich im gegenseitigen Handel nicht mehr absichern und sparen dadurch Geld. Wegen der großen wirtschaftlichen Bedeutung Europas kommen Abstrahleffekte dazu: Auch der Handel mit Unternehmen außerhalb des Euro-Raums wird oft in der europäischen Gemeinschaftswährung abgewickelt. Das hilft vor allem Deutschland als großer Exportnation.

Viele Staaten hofften mit dem Euro auch auf mehr Stabilität. Die Geldpolitik vieler nationaler Notenbanken genoss nur wenig Vertrauen. Der Euro war für diese Länder eine Chance auf eine stabile und starke Währung. Immerhin stand die Bundesbank mit ihrer Unabhängigkeit Pate bei der Gründung der EZB, und neben Deutschland genossen auch andere nördliche Euro-Länder für ihre Haushaltspolitik ein hohes Ansehen an den Finanzmärkten.

Die Regierungen hatten aber nicht nur ökonomische Gründe für die Einführung des Euros. Sie waren noch von einem anderen Gedanken geleitet. Sie gaben mit der Einführung des Euros einen Teil ihrer nationalen Souveränität auf in dem Wunsch, die europäische Einigung voranzutreiben. Der Euro sollte dafür die „Lokomotive" sein, wie es damals hieß. Er sollte nicht die Krönung der europäischen Einigung sein („Krönungstheorie"), sondern ihr Wegbereiter. Die Hoffnung: Die gemeinsame Währung ebnet den Weg für wichtige Reformen und eine stärkere Verbundenheit und erhöht damit auch das Gewicht Europas in der Welt.

Besonders seit der Griechenlandkrise im Jahr 2010, als deutlich wurde, wie fragil das Konstrukt Euro-Zone ist, und zeitweise die Angst herrschte, dass sie auseinanderbrechen und das ganze Projekt scheitern könnte, wird in den Hauptstädten und in Brüssel intensiv über die nächsten Schritte diskutiert. Im Zuge der Schuldenkrise wurde im Jahr 2012 zum Beispiel der Europäische Stabilitätsmechanismus (ESM) gegründet, um Ländern in Not mit Krediten helfen zu können und so Investoren die Angst vor einer Staatspleite zu nehmen. Regelmäßig auf der Tagesordnung stehen Themen wie Bankenunion und Kapitalmarktunion, um die unterschiedlichen Länder enger zu verzahnen. Auch das Thema gemeinsame Schuldenaufnahme taucht immer wieder in den Diskussionen auf. Etwas stiller ist es hingegen um die Idee einer europäischen Arbeitslosenversicherung geworden. Im Prinzip geht es bei all diesen Themen darum, Ausgleichsmechanismen und eine stärkere Integration zu schaffen. Man will vermeiden, dass die Probleme eines Landes zum Problem aller Länder werden.

Aber es ist ein langsamer Prozess. Denn die Angst ist groß, dass es zu einem „Moral Hazard" kommt. Damit sind Fehlanreize gemeint, die durch die Hoffnung entstehen, dass im Schadensfall schon jemand einspringen wird. Übertragen auf die Euro-Zone könnte es bedeuten, dass sich ein Staat hemmungslos verschuldet, weil er weiß, dass die anderen Staaten ihm bei Problemen helfen werden. Auch prallen in den Diskussionen immer wieder die nationale und die europäische Sicht aufeinander: Was gut für Europa als Ganzes sein kann, führt möglicherweise zu Einschränkungen und Verzicht auf nationaler Ebene.

Es wird daher in den nächsten Jahren spannend sein zu sehen, wie sich das Projekt Euro-Zone weiterentwickelt. Erst einmal ist sie wieder gewachsen: Zum 1. Januar 2026 führte Bulgarien als 21. Land den Euro ein. Er ersetzte die bisherige Landeswährung Lew.

05

Was machen Banken mit unserem Geld?

Eine Welt ohne Banken – die Verfechter von DeFi halten es für möglich und erstrebenswert. DeFi steht für „Decentralized Finance“. Der Name beschreibt ein Konzept, das die Finanzwelt radikal verändern würde. Das Sagen hätten nicht mehr die Banken, sondern jeder Einzelne. Bei DeFi ersetzen Wallets auf der Blockchain das klassische Bankkonto. Hier liegen Krypto-Währungen und nicht mehr Euro. Kredite werden im Peer-to-Peer-Verfahren vergeben, ähnlich wie bei Crowdfunding, das es jetzt schon gibt. Jede und jeder kann sich für oder gegen die Unterstützung eines Projekts entscheiden. Die Kreditbedingungen werden in Smart Contracts festgehalten, vereinfacht gesagt sind das kleine Programme auf der Blockchain, die zum Beispiel Zins und Rückzahlung regeln.

Doch bis dahin wird es noch dauern – wenn diese Vision überhaupt jemals zu einer bedeutenden Größe heranwächst. Denn vorher müssten viele Probleme gelöst werden: Wie können einzelne Sparer die Qualität der Projekte abschätzen, in die sie investieren könnten? Lassen sich auf diesem Wege auch in kurzer Zeit große Summen einsammeln? Ersetzen womöglich mächtige Plattformen die Banken als Hauptakteure in der Finanzwelt?

Zweifelhaft ist außerdem, ob Regulierung und Aufsichtsbehörden schweigend zusehen, wenn sich solche Strukturen bilden. Wahrscheinlicher ist, dass sie einschreiten werden und das System nicht so frei ist, wie es sich die Anhänger wünschen. Und schließlich ist noch ganz entscheidend, ob die Menschen das nötige Vertrauen haben, um mitzumachen.

Bis auf Weiteres werden daher Banken einen zentralen Platz im Finanzsystem einnehmen – wie sie es seit über 700 Jahren bereits tun. Erste Banken gab es zwar schon im alten Griechenland. Aber erst im 13. Jahrhundert blühte das europäische Bankwesen von Italien ausgehend richtig auf. Die Familie der Medici unterhielt Banken in ganz Europa. Die Banca Monte dei Paschi di Siena gilt als die älteste noch existierende Bank der Welt. Sie wurde 1472 gegründet. Aus dem Italienischen leitet sich auch das Wort „Bank“ ab. Die kleinen Tischchen, auf denen Geldwechsler ihre Geschäfte abwickelten, hießen „banca“ oder „banco“. Auch das Wort „Bankrott“ leitet sich aus dem Italienischen und der Bankenwelt ab. Sein Ursprung ist der Begriff „banco rotto“, was so viel heißt wie „kaputte Bank“.

Das Bankensystem in Deutschland

Aus den Tischchen sind verspiegelte Bürotürme in den Finanzzentren der Welt geworden – doch an den Aufgaben der Banken hat sich wenig geändert. Zwar prüfen sie nicht mehr Münzen aus fernen Ländern auf ihre Echtheit. Im Mittelpunkt ihrer Tätigkeit steht aber nach wie vor, das Geld von Privatkunden und Unternehmen aufzubewahren, Kredite zu vergeben und Zahlungsaufträge zu erledigen. Rund 7,2 Milliarden Überweisungen werden jährlich ausgeführt. In der Fachsprache spricht man vom Einlagengeschäft, Girogeschäft und Kreditgeschäft.

In Deutschland nehmen über 1000 Bankengruppen diese Aufgaben wahr. Sie lassen sich im Wesentlichen in drei Gruppen unterteilen. Deshalb spricht man auch vom dreigliedrigen Banksystem oder vom Drei-Säulen-System. Die drei Arten von Banken, die man in Deutschland dabei unterscheidet, sind:

→ **Sparkassen** bieten die klassischen Bankleistungen von Kredit bis Konto an. Sie sind als öffentlich-rechtliche Finanzinstitute organisiert. Ihre Träger sind Städte, Gemeinden und Landkreise. Nur wenige Sparkassen sind nicht im Besitz der öffentlichen Hand. Außerdem ist für die Sparkassen das Regionalprinzip gesetzlich festgelegt. Ihre Geschäftstätigkeit ist auf die Region ihres Sitzes beschränkt. Innerhalb dieses Gebiets sollen sie vor allem die lokale Wirtschaft und das Sparen von Privatpersonen fördern. Unterstützt werden die Sparkassen von den Landesbanken. Sie fungieren als Zentralbanken der Sparkassen und helfen bei überregionalen und internationalen Geschäften. Die DekaBank agiert als die zentrale Vermögensverwaltung und bietet Investmentfonds an.

→ **Genossenschaftsbanken** wie die Volks- und Raiffeisenbanken und die Sparda-Banken bieten ihren Kunden ebenfalls eine breite Palette an Finanzdienstleistungen. Das Besondere an Instituten in dieser Rechtsform: Hier kann man nicht nur Kunde, sondern auch Teilhaber sein und Anteile erwerben. Die Genossenschaftsanteile verleihen ein Mitspracherecht. Auf Mitgliederversammlungen kann zum Beispiel darüber abgestimmt werden, wie der Gewinn verwendet werden soll. Auch Genossenschaftsbanken sind eher regional tätig. Ähnlich wie die Landesbanken im Sparkassensektor fungiert hier die DZ Bank als Zentralinstitut.

→ **Private Geschäftsbanken** sind historisch gesehen die ältesten der drei Bankarten. Sie sind privatrechtlich organisiert und häufig Aktiengesellschaften. Eine starke Gewinnorientierung kennzeichnet sie. Großbanken wie die Commerzbank oder die Deutsche Bank zählen zum Beispiel dazu. Viele dieser Geschäftsbanken haben ein Filialnetz in ganz Deutschland. Auch international können sie vertreten sein. Darüber hinaus spielen bei ihnen Geschäfte mit anderen Banken sowie das Investmentbanking oft eine wichtige Rolle.

Die Bedeutung der Banken für die Wirtschaft

So unterschiedlich die Banken von ihrer Organisation her auch sein mögen: Sie alle nehmen eine wichtige Rolle in der Wirtschaft ein. Die Institute sorgen für den nötigen Schmierstoff in der Wirtschaft. Will ein Unternehmen investieren, will es zum Beispiel eine neue Maschine kaufen oder eine Halle bauen, ist es in der Regel auf die Hilfe von Banken angewiesen. Banken machen mit Krediten die Investition möglich. Aber auch zur Vorfinanzierung von Aufträgen brauchen Unternehmen häufig Kredite. Macht ein Kunde eine große Bestellung, muss das Unternehmen in aller Regel in Vorleistung treten. Auch hier können Banken mit Krediten helfen. Und bei einer Unternehmensgründung führt der Weg meist auch zur Bank. Sie stellt die nötige Finanzierung bereit. Über 80 Prozent der Fremdfinanzierung von Unternehmen entfallen auf Bankkredite.

Impulse für die Wirtschaft kommen auch von privater Seite: Wer ein Haus bauen oder ein Auto kaufen will, hat selten das gesamte Geld beisammen. Banken machen den Kauf trotzdem möglich. Knapp 1,3 Billionen Euro wurden nach Zahlen des Bankenverbands 2025 als Wohnungsbaukredite an Privathaushalte vergeben. Auch das sorgt für Aufträge bei Unternehmen. Ein funktionierendes und stabiles Finanzsystem ist zentral für die Wirtschaft.

Der Zusammenbruch von Lehman Brothers, einer US-amerikanischen Investmentbank, in der Finanzkrise 2008 führte vor Augen, was passiert, wenn Banken wanken. Mit dem Platzen der Blase auf dem US-Immobilienmarkt waren scheinbar sichere Papiere plötzlich mehr oder weniger wertlos geworden. Kredite an Immobilienkäufer mit niedriger Bonität – sogenannte Subprime-Kredite – waren damals in komplexen Finanzprodukten zusammengefasst worden. Sie schienen gute Rendite mit hoher Sicherheit zu kombinieren und waren deswegen von Banken fleißig gekauft worden. Doch als die Immobilienblase platzte, erwies sich die Sicherheit als Illusion. Banken mussten den Wert dieser Papiere in ihren Bilanzen radikal reduzieren. Das führte zu hohen, existenzbedrohenden Verlusten. Weil aber niemand wirklich wusste, wer wie viele von diesen Papieren in der Bilanz hatte, herrschte großes Misstrauen unter den Banken. Die Pleite von Lehman Brothers ließ die Lage eskalieren. Zur Überraschung der Branche war der Staat der notleidenden Bank im Gegensatz zu anderen Instituten mit Problemen davor nicht zu Hilfe gekommen. Der Interbankenmarkt, auf dem sich die Banken untereinander Geld leihen, spielte zu der Zeit noch eine wesentlich größere Rolle als heute. Dieser Markt brach praktisch vollständig zusammen. Banken fehlte daher das Geld, um gegebene Kredite zu refinanzieren oder neue zu begeben. Unternehmen kamen kaum noch an Geld und konnten ihrerseits Rechnungen nicht mehr bezahlen oder investieren. Die Folge: Die gesamte Wirtschaft stürzte in eine tiefe Krise.

Vieles lief damals schief, weswegen die Krise derart eskalieren und von den USA aus praktisch die gesamte Welt erfassen konnte. Eigentlich sind Banken im Allgemeinen einer Reihe von Regeln und Vorschriften unterworfen, die verhindern sollen, dass sie in schwerwiegende Probleme geraten. Dazu zählen die folgenden drei wichtige Prinzipien:

Erstens müssen Banken Risikovorsorge betreiben, um Verluste zum Beispiel aus Kreditausfällen abzufedern. Ein zweiter wichtiger Punkt ist die Eigenkapital-Unterlegung von Krediten. Sie limitiert die Summe, die Banken verleihen können. Und schließlich müssen Banken regelmäßig Berichte vorlegen, die Auskunft über die Risiken und die Finanzlage geben.

Viele Regeln wurden weltweit nach der Erfahrung der Finanzkrise verschärft und ergänzt. So wurde zum Beispiel in Europa ein Fonds geschaffen (Single Resolution Fund, SRF), um kriselnden Banken zu helfen. Er soll verhindern, dass Banken, wie nach der Pleite von Lehman Brothers, mit Steuergeldern gerettet werden müssen. Auch die Bankenaufsicht wurde in Europa reformiert. Im Fokus stehen dabei besonders die großen Banken, für die es noch einmal eine extra Aufsicht gibt, die bei der EZB angesiedelt ist. Sie kontrolliert die großen Banken der Euro-Zone direkt und ist somit auch für 21 deutsche Institute zuständig. Insgesamt sind es 114. Sie werden von der EZB als bedeutend eingestuft, das heißt, Probleme bei diesen Banken könnten möglicherweise das gesamte Finanzsystem erschüttern. Kriterien für die Einstufung sind zum Beispiel die Größe der Bank und ihre Verflechtungen mit anderen Instituten. Den Rahmen für die Kontrolle bildet der „Single Supervisory Mechanism“ (SSM). Er soll eine einheitliche Aufsicht der Euro-Banken gewährleisten. Die

EZB arbeitet dabei mit den nationalen Aufsichtsbehörden zusammen. Sie führen beispielsweise Stresstests durch, um zu überprüfen, wie gut Banken Turbulenzen und Schocks an den Märkten überstehen können. Institute, die in diesen Stresstests schlecht abschneiden, müssen ihre Risikovorsorge nachbessern.

Die nationale Aufsicht nimmt in Deutschland die Bundesbank zusammen mit der Bundesanstalt für Finanzdienstleistungsaufsicht (BaFin) wahr, die auch ein Auge auf Versicherungen hat. Die Aufseher werten im Rahmen ihrer Tätigkeit zum Beispiel Prüfungsberichte und monatliche Kurzbilanzen aus, in denen wichtige Veränderungen in der Bilanz und bei den Risikopositionen stehen. Die BaFin kann außerdem Sonderprüfungen vornehmen.

Sollte es trotz aller Vorkehrungen zu einer großen Krise kommen, steht im Ernstfall im Hintergrund die Notenbank bereit. Sie fungiert als „Kreditgeber der letzten Instanz", als „Lender of Last Resort", wie man auch sagt. Mit ihrem Einschreiten kann die Notenbank im Finanzsystem wieder für Ruhe sorgen. Wenn sonst gar nichts mehr geht – bei der Notenbank geht noch was. Sie kann durch Notprogramme Banken unkompliziert mit Liquidität versorgen, um eine Abwärtsspirale aus Misstrauen und Angst zu durchbrechen. In Krisen reicht oft schon der Verdacht, dass etwas nicht stimmen könnte, damit Kunden ihr Geld abziehen und sich die Institute gegenseitig kein Geld mehr leihen. Selbst gesunde Banken können dann in Schwierigkeiten geraten. Sie sind zwar solvent, haben aber ein Liquiditätsproblem. Die Mittelabflüsse sind größer als die Reserven. Weil aber die Notenbank die Möglichkeit hat, praktisch unbegrenzt mit Krediten zu helfen, kann sie das Vertrauen in den Finanzmarkt wiederherstellen.

Wie Banken Geld verdienen

Banken haben verschiedene Einnahmequellen. Eine wesentliche Säule ist das Kreditgeschäft, von dem in diesem Kapitel schon häufiger die Rede war. Denn natürlich verleihen die Banken das Geld nicht kostenlos. Sie verlangen dafür einen Zins. Die Höhe ist abhängig von verschiedenen Faktoren. Ganz wesentlich ist dabei einmal das allgemeine Zinsumfeld. Ein wichtiger Einflussfaktor dafür ist die Geldpolitik der EZB (siehe „Was ist Geld?“, S. 8). Auch die Art des Kredits spielt im Privatkundengeschäft eine Rolle: Dispokredite, Ratenkredite oder Immobilienkredite haben zum Beispiel alle unterschiedliche Zinsniveaus. Aber es gibt auch individuelle Faktoren, die in die Zinshöhe einfließen und das Risiko ausdrücken, das die Bank mit dem Kredit eingeht. Dazu gehören etwa die Bonität des Kunden und die Laufzeit des Kredits.

Die Höhe der Einnahmen ist dabei aber nicht nur abhängig vom Kreditvolumen, sondern auch von der Zinsdifferenz. Denn die Banken müssen sich das Geld, das sie verleihen, in aller Regel selbst irgendwo leihen. Das Passivgeschäft finanziert das Aktivgeschäft. Je günstiger sich die Bank das Geld besorgen kann und je mehr sie für das Verleihen erhält, desto größer ist ihre Marge im Kreditgeschäft.

Eine wichtige Quelle dabei sind die Kundeneinlagen. Je nach Geschäftsmodell werben die Banken mehr oder weniger offensiv um das Geld der Sparerinnen und Sparer, das dann auf die Zentralbankkonten fließt. Mit diesem Geld kann die Bank arbeiten. Es kann die Basis für Kredite sein, die die Bank vergibt. Die Bank verdient auch am Einlagenzins, den die EZB für das Geld auf dem Zentralbankkonto zahlt. Die Bank kann mit dem Geld auch zum Beispiel sichere Staatsanleihen erwerben, die ebenfalls als Einnahmequelle oder Sicherheit dienen können.

Banken stehen neben den Einlagen der Sparerinnen und Sparer noch andere Möglichkeiten offen, um an Geld zu kommen. Dazu gehören Kredite bei der EZB oder auch die Finanzierung am Geldmarkt. Selbst ohne nennenswerte Kundeneinlagen kann eine Bank Kredite vergeben.

Prinzipiell haben die Kunden kein Mitspracherecht, was die Kreditgeschäfte ihrer Bank betrifft. Die Banken können frei entscheiden, wem sie wie viel Geld leihen – solange sie sich an die Vorschriften und Regeln halten. Wer jedoch bei der Auswahl der Bank genauer hinschaut, kann schon einen gewissen Rahmen dafür setzen, was mit seinem Geld passiert.

Nachhaltigkeit ist auch in der Finanzwelt in den vergangenen Jahren ein großes Thema geworden. Es gibt inzwischen eine große Auswahl an Banken, die auf Nachhaltigkeit und ethische Grundsätze bei ihrer Arbeit achten. Dazu gehören zum Beispiel die GLS Bank, die Umweltbank und die KD Bank. Sie wurden von Stiftung Warentest als „streng nachhaltig“ bewertet (Ausgabe 4/2025). Kriterien dafür waren zum Beispiel die Begrenzung der Kredite und

Eigenanlagen auf nachhaltige Branchen und Ausschlusskriterien beim Kauf von Staatsanleihen. Die Experten prüften dafür, ob zum Beispiel nur in Anleihen von Staaten investiert wird, die das Pariser Klimaabkommen ratifiziert haben.

Der Nachhaltigkeitsaspekt zeigt sich auch bei der Kreditvergabe. Nachhaltige Banken schließen einige Geschäfte aus. So wird kein Geld an Atomkraftwerksbetreiber, Kohlekonzerne und Unternehmen, die Kinderarbeit dulden, verliehen. Auch Waffenproduzenten sind weitgehend ausgeschlossen. Legt man bei diesen Banken sein Geld an, kann man sicher sein, solche Unternehmen nicht indirekt zu unterstützen. Einen großen Vergleich der Prinzipien nachhaltiger Banken und ihrer Konditionen gibt es unter test.de/nachhaltige-banken.

Manche Banken widmen sich auch gezielt ökologischen oder sozialen Projekten. GLS Bank und Triodos Bank finanzieren zum Beispiel Biobauernhöfe, Kirchenbanken helfen mit Krediten kirchlichen Einrichtungen. Die wirtschaftliche Entwicklung in Süd- und Osteuropa fördert ProCredit.

Worauf Kunden neben dem Nachhaltigkeitsaspekt allerdings auch achten sollten, ist das Angebot der Banken. Prinzipiell bieten sie zwar die breite Palette der üblichen Bankgeschäfte von Girokonto bis Baufinanzierung an. Doch nicht bei jeder Bank bekommt man alles. Auch hier helfen Informationen unter test.de/nachhaltige-banken.

Neben dem Kreditgeschäft sind die Vermögensverwaltung, der Eigenhandel und auch Dienstleistungen wichtige Einnahmequellen der Banken. Bei den Dienstleitungen bieten Institute zum Beispiel Beratung bei Fusionen und Übernahmen (auf Englisch Merger & Acquisition, kurz M&A) oder beim Börsengang an. Ein anderer Service sind Absicherungsgeschäfte: Will sich ein Unternehmen mit einem starken Exportgeschäft gegen Währungsschwankungen „hedgen", wie es in der Fachsprache heißt, kann die Bank gegen eine entsprechende Gebühr helfen. Sie garantiert dafür mittels spezieller Finanzprodukte einen festgelegten Wechselkurs.

Doch nicht nur Leistungen für Unternehmen sind eine willkommene Einnahmequelle. Auch an jedem Privatkunden versuchen Banken zu verdienen – obwohl sie ja froh sein sollten, dass Kunden ihnen das Geld anvertrauen. Und so kommt es, dass manche Institute auch Gebühren für ein Girokonto oder ein Wertpapier-Depot verlangen.

Aber auch hier hat man als Kunde die Wahl und kann sparen. Besonders Online-Banken machen den Filialbanken Konkurrenz und haben den Wettbewerb angeheizt. Es lohnt sich zu vergleichen. Eine Reihe von Banken bietet kostenlose Girokonten an. Allerdings kommt es dabei oft auf die Details an, ob am Ende nicht doch etwas für den Service bezahlt werden muss. Das heißt, Kunden müssen bei den Bedingungen genau hinschauen. So sind viele Angebote nur dann kostenlos, wenn monatlich eine gewisse Summe auf das Konto fließt. Überweist der Arbeitgeber regelmäßig das Gehalt auf dieses Konto, ist das normalerweise kein Problem. Geschieht das nicht, muss der Kunde selbst darauf achten.

Eine andere Tücke sind die Gebühren für Karten, die mit dem Girokonto verknüpft sind. In der Regel ist zwar eine kostenlose Girocard oder Debitcard dabei. Wer aber noch eine Kreditkarte möchte, muss meistens dafür bezahlen. Der Girokonten-Vergleich unter test.de/girokonto hilft, die Konditionen zu vergleichen und das passende Angebot zu finden.

Sparen lässt sich auch beim Depot. Es gibt in vielen Fällen große Unterschiede zwischen den Orderkosten und den Verwahrkosten bei den verschiedenen Anbietern. Bei manchen sind der Handel und die Depotführung sogar kostenlos. Bis zu 800 Euro lassen sich im Jahr durch einen Depotwechsel sparen, zeigt der Vergleich von Stiftung Warentest unter test.de/depotkosten. Vor allem Neobroker bieten ihren Kundinnen und Kunden oft günstigere Konditionen als die etablierten Banken.

06

Wie schlimm ist Inflation?

„Der Dollar springt täglich um Milliarden, die Preise gehen mit. Brot kostet 1 ½ Milliarden." Diese Zeilen notierte der Gelehrte Victor Klemperer vor etwas mehr als 100 Jahren in sein Tagebuch. Der Schriftsteller Stefan Zweig schrieb über diese Zeit in seinem Werk „Die Welt von Gestern": „Ich habe Tage erlebt, wo ich morgens fünfzigtausend Mark für eine Zeitung zahlen mußte und abends hunderttausend ... Ein Schuhsenkel kostete mehr als vordem ein Schuh, ein zerbrochenes Fenster zu reparieren mehr als das ganze Haus."

Beide Schilderungen stammen aus einer Zeit, die sich ins kollektive Gedächtnis der Deutschen eingebrannt hat: die Hyperinflation in der Weimarer Republik in den Jahren 1921 bis 1923. Von Hyperinflation spricht man, wenn das Geld pro Monat 50 Prozent und mehr an Wert verliert. Die Schulden des Ersten Weltkriegs, die Reparationszahlungen des Versailler Vertrags, die Kosten des Ruhrkampfs – viele Faktoren führten zu dieser extremen Entwicklung. Erst die Einführung der Rentenmark sorgte für Ruhe. Das Vertrauen kehrte zurück.

Die Phase der Hyperinflation zeigt, was passieren kann, wenn Inflation außer Kontrolle gerät und Notenbanken nicht unabhängig sind, sondern auf Geheiß der Regierung Geld drucken müssen. Sie ist eine Warnung an Politik und Währungshüter.

Wie wird Inflation gemessen?

Inflation ist der Anstieg der Preise gegenüber dem Vergleichszeitraum. Besondere Aufmerksamkeit erfährt dabei die Veränderung zum Vorjahresmonat. Mithilfe eines fiktiven Warenkorbs, in dem relevante Güter und Dienstleistungen zusammengefasst werden, wird die Inflationsrate ermittelt. In Deutschland übernimmt diese Aufgabe das Statistische Bundesamt. Dort werden Monat für Monat über 300 000 Einzelpreise in Geschäften, Katalogen und im Internet erfasst. Sie sind in zwölf Güterkategorien gruppiert.

Die unterschiedlichen Waren und Dienstleistungen fließen nicht zu gleichen Teilen in die Berechnung der Inflationsrate ein. Die Güterkategorien sind vielmehr gemäß ihrem Anteil an den Konsumausgaben gewichtet.

Dieses Wägungsschema wird alle fünf Jahre überprüft und angepasst.

Die persönliche Inflationsrate kann von der offiziellen Rate mehr oder weniger deutlich abweichen. Wer zum Beispiel kein Auto hat, ist von einem Anstieg des Benzinpreises weniger betroffen als jemand, der jeden Tag zur Arbeit fahren muss. Das Statistische Bundesamt bietet dafür auf seiner Webseite unter https://service.destatis.de/inflationsrechner/ einen persönlichen Inflationsrechner an, wo jeder auf Basis seiner eigenen Ausgaben ermitteln kann, wie sich die Preise verändert haben. Man unterscheidet zwei Arten von Inflation:

→ **Angebotsbedingte Inflation:** Unternehmen geben wachsende Kosten, zum Beispiel für Rohstoffe oder Löhne, über höhere Preise weiter (Kosteninflation). Gestiegene Lohnkosten führen vor allem dann zu Preiserhöhungen, wenn sie nicht über eine Steigerung der Arbeitsproduktivität aufgefangen werden können. Eine andere Variante der angebotsbedingten Inflation ist, dass die Unternehmen die Preise erhöhen, um ihren Gewinn zu steigern (Gewinninflation). Das ist vor allem dann möglich, wenn Unternehmen über eine große Marktmacht verfügen.

→ **Nachfragebedingte Inflation:** Der Auslöser für die Preiserhöhungen ist, dass die Unternehmen nicht genügend produzieren oder liefern können. Die Nachfrage übersteigt die Produktion. Das eröffnet den Firmen die Möglichkeit, die Preise für Produkte zu erhöhen.

Die Folgen von Inflation fürs Ersparte

Selbst niedrig klingende Inflationswerte können mit der Zeit schlimme Effekte haben. So führt eine Inflation mit der Zeit zu einer schmerzhaften Entwertung von Ersparnissen. Die Kaufkraft eines Sparguthabens in Höhe von 1000 Euro schrumpft bei einer Inflationsrate von zwei Prozent über zehn Jahre auf 820 Euro, bei drei Prozent auf 744 Euro und bei einer Rate in Höhe von vier Prozent auf 676 Euro.

Zinsen aufs Ersparte können der Entwertung entgegenwirken. Aber das geht nur, wenn sie gleichauf oder noch besser oberhalb der Inflationsrate liegen. Es kommt also nicht so sehr darauf an, was die Bank an Zinsen zahlt. Das ist die sogenannte Nominalverzinsung. Wichtig ist hingegen, was nach Abzug der Inflation von den Zinsen übrig bleibt. Das ist die Realverzinsung. Liegt sie bei null, wird der Wert des Ersparten erhalten, ist die Realverzinsung positiv, wächst er. Zinsen unterhalb der Inflation bremsen den Wertverlust hingegen nur. Die Realverzinsung ist dann negativ.

Im Extremfall kann eine hohe negative Realverzinsung dazu führen, dass die Sparneigung sinkt. Banken haben dann weniger Möglichkeiten, Kredite an Unternehmen zur Finanzierung von Investitionen zu vergeben. Das kann das Wirtschaftswachstum belasten.

Will man Vermögen aufbauen, zum Beispiel für die Altersvorsorge, muss man darauf achten, dass die Rendite der Geldanlage nach Abzug von Steuern und Kosten oberhalb der Inflation liegt. Sonst kann man sich im Alter weniger leisten als gedacht. Mit einem gewöhnlichen Tagesgeldkonto ist ein echter Vermögensaufbau kaum möglich. Größer stehen die Chancen bei mehrjährigem Festgeld. Die Realverzinsung ist aber auch da meist minimal.

An der Börse führt daher kaum ein Weg vorbei. Hier sind für langfristig orientierte Anleger Renditen möglich bei überschaubarem Risiko. Diese Renditen lassen das Vermögen auch nach Abzug von Steuern, Kosten und Inflation wachsen. Mit welcher Strategie das möglich ist, wird näher in Kapitel „Wie vermehre ich mein Geld", S. 101 erläutert.

Mehr Geld nur auf dem Papier

Der Unterschied zwischen nominal und real ist nicht nur beim Sparen wichtig. Er ist auch für die Gehaltsabrechnung relevant. Eine Gehaltserhöhung kann trügerisch sein, wenn sie unterhalb der Inflationsrate liegt. Dann wächst das Gehalt zwar nominal, tatsächlich kann sich der Arbeitnehmer trotz des Plus aber weniger leisten: Die Preise sind schneller gestiegen als sein Einkommen. Man spricht dann davon, dass der Reallohn gesunken ist. Tatsächlich mehr leisten kann sich ein Arbeitnehmer nur, wenn die Lohnerhöhung oberhalb der Inflation liegt, der

Reallohn also steigt. Eine Lohnerhöhung, die geringer ausfällt als die Inflationsrate, ist aber nicht nur bitter, weil unterm Strich eine Lohnkürzung stattfindet. Ein zweiter Nachteil kann noch dazukommen: Durch die nominale Lohnerhöhung steigt bei einem progressiven Einkommenssteuertarif wie in Deutschland die Belastung (siehe „Warum ist brutto nicht gleich netto?", S. 136). Der Arbeitnehmer muss mehr Steuer zahlen, obwohl er real gar nicht mehr verdient. Man spricht von „kalter Progression". Hierbei handelt es sich um eine Art schleichende Steuererhöhung, die passiert, wenn der Gesetzgeber Eckwerte bei der Einkommenssteuer nicht anpasst. Man könnte also auch von einer „Steuererhöhung durch Untätigkeit" sprechen.

Eine Beispielrechnung verdeutlich den Effekt der „kalten Progression": Auf einen jährlichen Bruttolohn in Höhe von 50 000 Euro werden 7015 Euro an Lohnsteuer fällig (Lohnsteuerklasse I, keine Kirchensteuer, keine Kinder, Stand 2026). Jetzt wächst der Bruttolohn analog zur Inflation um drei Prozent auf 51 500 Euro. Die Lohnsteuer steigt auf 7401 Euro. Obwohl es also keine reale Einkommenssteigerung gab, werden trotzdem höhere Steuern fällig.

Das Bundesfinanzministerium legt seit 2015 allerdings alle zwei Jahre einen Steuerprogressionsbericht vor. Seit 2016 passen Bundestag und Bundesrat auf Basis dieses Berichts den Steuertarif im Einkommensteuergesetz an die jeweilige Inflationsrate an. Dabei geht es meist um mehrere Milliarden Euro an Entlastung für die Steuerzahler.

Wie die Notenbank Inflation bekämpft

Wegen der vielfältigen negativen Folgen, die mit hoher Inflation verbunden sind, ist die EZB der Preisstabilität als oberstem Ziel verpflichtet. Die Kaufkraft des Geldes soll so gut wie möglich erhalten bleiben. Die EZB sieht dieses Ziel erreicht, wenn die Inflation mittelfristig bei zwei Prozent liegt. Mittelfristig heißt das: Die EZB toleriert gewisse Abweichungen nach oben und unten, solange sie davon überzeugt ist, dass sich in absehbarer Zeit die Inflationsrate bei zwei Prozent einpendelt.

Eine wichtige Rolle spielt dabei der Blick auf die Kerninflation und die Inflationserwartungen. Die Kerninflation klammert bei der Inflationsberechnung die Preise für Energie und Nahrungsmittel aus. Diese gelten als besonders schwankungsanfällig und könnten die Berechnung verzerren. Die Inflationserwartungen in der Öffentlichkeit sind wichtig, weil sie Auswirkungen auf die Löhne und Preise haben können: Sind die Preise gestiegen und erwarten die Menschen, dass die Inflation dauerhaft zunimmt, werden die Gewerkschaften typischerweise versuchen, höhere Löhne durchzusetzen.

Auf den ersten Blick wirkt das Inflationsziel der EZB von zwei Prozent überraschend. Preisstabilität bedeutet ja eigentlich, dass Preise konstant bleiben. Aber es gibt zwei gute Gründe, keine Inflationsrate von null Prozent anzustreben:

→ **Sicherheitsabstand:** Ein moderater Preisanstieg schafft einen gewissen Sicherheitsabstand und hilft, eine deflationäre Entwicklung zu verhindern. Eine Deflation, also fallende Preise, kann auf Dauer ebenso schädlich sein wie eine Inflation. Allerdings ist sie für eine Notenbank schwerer zu bekämpfen (siehe S. 81). Außerdem lässt dieser Sicherheitsabstand auch etwas Spielraum für mögliche kleinere statistische Fehler bei der Preismessung.

→ **Deflation verhindern:** Ein Inflationsziel von zwei Prozent im Euro-Raum mindert die Gefahr, dass es in einigen Mitgliedsländern zu Deflation kommt. Denn die Inflationsrate für den Euro-Raum setzt sich aus den Werten der einzelnen Euro-Länder zusammen. In manchen liegt die Rate über zwei Prozent, in anderen darunter. Im Schnitt soll sie bei zwei Prozent liegen. Ein Null-Prozent-Ziel im Euro-Raum würde bedeuten, dass einige Mitgliedsländer negative Inflationsraten haben müssten, dafür die Rate in anderen Ländern über null liegt. Das Inflationsziel von zwei Prozent stellt sicher, dass einzelne Euro-Länder nach oben abweichen können, ohne andere in Deflationsgefahr zu bringen.

Die Notenbank hat verschiedene Instrumente, um die Inflation zu steuern. Dabei geht es nicht darum, die Preise für einzelne Waren und Dienstleistungen stabil zu halten. Schließlich erfüllen Preise eine wichtige Signalfunktion und zeigen die Knappheit an beziehungsweise bringen Angebot und Nachfrage in Einklang. Vielmehr sollen die Preise im Durchschnitt stabil bleiben. Die Notenbank nimmt dafür Einfluss auf die gesamtwirtschaftliche Nachfrage, um hierdurch das Preisniveau indirekt zu beeinflussen. Im Blickpunkt steht dabei die Geldmenge. Dahinter steckt die Erkenntnis, dass Inflation auf längere Sicht ein monetäres Problem ist. Man könnte auch sagen: „Zu viel Geld jagt zu wenige Güter."

Achtmal im Jahr trifft sich der EZB-Rat, um die Lage zu beurteilen und über eine Veränderung der Leitzinsen zu entscheiden. Die Leitzinsen legen die Konditionen fest, zu denen Banken bei der EZB Geld anlegen und vor allen Dingen leihen können. Entscheidend für die Steuerung der Geldmenge ist der Bedarf der Geschäftsbanken an Zentralbankgeld. Die Banken brauchen es aus verschiedenen Gründen und haben deshalb ein Konto bei der EZB. Zentralbankgeld ist zum Beispiel wichtig für die Abwicklung des bargeldlosen Zahlungsverkehrs zwischen den Banken. Wenn ein Bankkunde Geld an den Kunden eines anderen Instituts überweist, ist das, was im Hintergrund tatsächlich abläuft, eine Überweisung vom Zentralbankkonto der einen auf das Zentralbankkonto der anderen Bank. Außerdem müssen die Banken eine Mindestreserve auf ihrem Zentralbankkonto halten (siehe „Wie entsteht Geld?", S. 27). Auch dafür brauchen sie Zentralbankgeld. Der dritte Grund ist schließlich die Nachfrage nach Bargeld bei den Kundinnen und Kunden der Banken. Hierfür lassen sich die Institute einen Teil ihres Guthabens von der Notenbank in bar auszahlen. Bargeld ist also auch eine Form von Zentralbankgeld.

Dieses Zentralbankgeld müssen sich die Banken in der Regel bei der Notenbank leihen. Hier setzt die Geldpolitik an, denn die Banken müssen für diese Kredite Zinsen zahlen. Brauchen sie kurzfristig Geld, greift der Spitzenrefinanzierungssatz, ansonsten zahlen sie den Hauptrefinanzierungssatz. Der Clou ist nun, dass die Notenbank diese Zinssätze je nach Inflationshöhe anhebt oder senkt: Wird es für die Banken teurer, sich bei der Zentralbank Geld zu leihen, geben sie diese Kosten an ihre Kunden weiter. Diese müssen dann auch höhere Zinsen für einen Kredit zahlen. Das macht die Kreditaufnahme unattraktiver. Die Folge: mit geliehenem Geld wird weniger investiert und konsumiert. Die Nachfrage nach Produkten sinkt – und damit auch die Preise. Parallel steigen die Zinsen, die Banken fürs Ersparte bieten. Das macht es interessanter, Geld aufs Konto einzuzahlen, statt es auszugeben. Auch dadurch ist weniger zum Ausgeben da. Die Zinsentscheidungen der Notenbank haben damit auch Einfluss auf die konjunkturelle Entwicklung. Sie kann dadurch gedämpft oder stimuliert werden. Denn senkt die Notenbank ihre Zinsen, läuft der Prozess in die andere Richtung. Die Nachfrage steigt, die Preise gehen nach oben. Sparen dagegen wird unattraktiver. Das ist gut für die Wirtschaft.

Auf diesem Wege kann die Notenbank also indirekt die Zinsen im Finanzsystem beeinflussen. Besonders dem Hauptrefinanzierungssatz kommt große Bedeutung zu. Ist in den Medien die Rede davon, dass die Notenbank „den Leitzins erhöht“ hat, ist damit der Hauptrefinanzierungssatz gemeint. Er ist das wohl wichtigste geldpolitische Instrument.

Ein weiteres Instrument ist die Mindestreserve. Banken sind verpflichtet, eine gewisse Summe auf ihrem Zentralbankkonto zu halten. Wie hoch diese Summe ist, hängt unter anderem von der Höhe der Kundeneinlagen der Bank ab. Erhöht die Notenbank den Mindestreservesatz, steigt der Bedarf der Banken nach Zentralbankgeld – das die Banken sich wiederum leihen und dafür entsprechend die Refinanzierungssätze zahlen müssen. Auch auf diesem Wege kann die Notenbank also die Kosten der Banken beeinflussen, die dann wiederum an die Kunden über die Kreditkonditionen weitergegeben werden. In der Euro-Zone kommt dieses Steuerungsinstrument allerdings kaum zum Einsatz.

Was eine Deflation so gefährlich macht

Das Gegenteil der Inflation ist die Deflation. Man könnte analog zur Inflation sagen, dass hier zu wenig Geld für den Kauf der verfügbaren Güter da ist. Die Aussicht auf fallende Preise scheint zwar verlockend. Aber tatsächlich ist Deflation genauso gefährlich wie Inflation. Sie kann Wirtschaft und Unternehmen in eine tiefe Krise stürzen. Denn fallen die Preise, halten sich die Konsumenten mit neuen Anschaffungen zurück, weil sie darauf spekulieren, dass die Preise noch weiter fallen könnten. Damit sinken die Einnahmen der Unternehmen, die dann gezwungen sein könnten, ihre Kosten zum Beispiel über geringere Investitionen und Entlassungen zu senken. Das wiederum erhöht die Verunsicherung bei den Verbrauchern, weswegen sie noch weniger kaufen. Man spricht hier von einer negativen Deflationsspirale.

Durch diese Konsumzurückhaltung geraten Unternehmen in Schwierigkeiten, weil sie ihre Kosten nicht so stark senken können, wie die Einnahmen fallen. Fallende Preise bedeuten schließlich nichts anderes als niedrigere Gewinne für die Unternehmen. Das Problem ist jedoch, dass sie oft hohe Fixkosten haben, die vertraglich festgelegt sind. Mieten oder auch Löhne lassen sich zum Beispiel nicht so einfach anpassen. Die Folge: Insolvenzen drohen, wenn die Unternehmen nicht schnell genug etwa durch Entlassungen die Kosten senken.

Die Gefahr von Kreditausfällen wächst, weil Schuldner Probleme bekommen. Die geliehene Summe ist zwar auf dem Papier gleich geblieben, durch die Deflation aber mehr wert und deshalb schwieriger zurückzuzahlen: Bei Unternehmen sinken die Einnahmen, und für Beschäftigte sind Lohnerhöhungen nur schwer durchsetzbar. Eine steigende Zahl von Kreditausfällen trifft letztendlich die Banken und mindert ihre Fähigkeit, neue Kredite zu vergeben. Auch das hat negative Folgen für die Wirtschaft.

Insgesamt birgt eine hartnäckige Deflation einiges an Krisenpotenzial und lässt die Notenbank handeln. Fallende Preise vertragen sich genauso wenig mit dem Mandat der Preisstabilität wie Inflation. Die Notenbank ist aber auch noch aus einem anderen Grund wachsam, wenn die Preise fallen. Denn eine Deflation ist nicht so einfach zu bekämpfen. Mit extremen Zinserhöhungen kann eine Notenbank eine Inflationswelle brechen – zur Not auf Kosten einer Rezession. Senken kann eine Notenbank den Zinssatz aber erst einmal nur bis null. Dann sind ihre regulären Mittel ausgeschöpft. Bleibt es bei der Deflation, muss die Notenbank zu unkonventionellen Maßnahmen greifen. Hierzu gehört das sogenannte „Quantitive Easing". Hierbei kauft die Notenbank Vermögenswerte wie beispielsweise Staatsanleihen auf und pumpt damit Geld ins Finanzsystem. Allerdings kann sie niemanden zwingen, das Geld auch auszugeben. Fehlt das Vertrauen, bleibt das Geld auf den Konten. Negativzinsen – eine weitere unkonventionelle Maßnahme – können das Horten zwar unattraktiv machen. Doch auch dann ist der Erfolg nicht gewiss. Werden die Kosten zu hoch, zahlen Sparer ihr Geld nicht mehr ein oder räumen die Konten.

Der Inflation etwas entgegensetzen

Eine Deflation ist eher selten. Wegen der großen Gefahren reagiert die Notenbank oft frühzeitig und bei Bedarf auch durchaus massiv. Die Regel ist eine schleichende Geldentwertung, eine Inflation. Wer jetzt schimpft, dass „alles immer teurer" werde, sollte eines nicht vergessen: Die Preise mögen zwar steigen, so tun es aber auch die Einkommen.

Alarmistische Grafiken, die gerne von sogenannten Crash-Propheten präsentiert werden und den Wertverfall des Euros illustrieren sollen, zeigen nur die halbe Wahrheit. Denn zum kompletten Bild gehört auch, wie sich die Löhne entwickelt haben. Und hier sieht man, dass Waren umgerechnet in Arbeitszeit trotz der Inflation vielfach erschwinglicher geworden sind. Der Grund dafür: steigende Löhne und Fortschritte in der Produktion. So musste man zum Beispiel im Jahr 1970 im Schnitt 14 Minuten arbeiten, um sich ein Kilo Mischbrot kaufen zu können. Im Jahr 2023 waren es elf Minuten. Für den Kauf von Eiern (zehn Stück) sank die nötige Arbeitszeit von 20 auf acht Minuten. Auch viele andere Grundnahrungsmittel wie Milch oder Butter wurden billiger. Besonders extrem war die Entwicklung bei Elektrogeräten: Ein Kühlschrank zum Beispiel „kostete" 1970 noch 51 Stunden und 22 Minuten, im Jahr 2023 waren es noch etwas mehr als 36 Stunden Arbeit. Das gehört auch zum vollständigen Bild beim Blick auf die Preisentwicklung.

Man ist der Inflation also nicht hilflos ausgeliefert. Wer sein Gehalt geschickt verhandelt und sein Geld klug anlegt, kann sich schützen und sich gegen die Geldentwertung wehren.

07

Naht das Ende des Bargelds?

Schweden könnte die Zukunft zeigen. Das Bargeld ist auf dem Rückzug. Nur jeder Zehnte zahlte im Jahr 2023 laut einer Studie der schwedischen Notenbank seinen letzten Einkauf noch mit Schein oder Münze. Im Jahr 2010 lag der Anteil noch bei fast 40 Prozent. Parallel dazu sinkt die Zahl der Stellen, wo die Schweden und Schwedinnen Bargeld abheben können. Seit 2016 ging sie um fast ein Viertel auf rund 3200 zurück.

So weit ist es in Deutschland noch nicht. Hier wird immer noch sehr gerne und viel mit Bargeld bezahlt. Laut einer Studie der Bundesbank aus dem Jahr 2023 mit rund 5700 Teilnehmern und Teilnehmerinnen wird in Deutschland für mehr als jede zweite Transaktion Bargeld genutzt. Mehr als zwei Drittel der Befragten gaben bei der Studie außerdem an, dass Bargeld für sie „sehr wichtig“ oder „ziemlich wichtig“ sei.

Aber die Frage ist: Wie lange noch? Die Studie der Bundesbank, die alle drei Jahre durchgeführt wird, zeigt auch, dass die Bargeldnutzung mehr und mehr zurückgeht. Im Jahr 2008 wurden Scheine und Münzen noch für mehr als 80 Prozent aller Transaktionen verwendet. Es wurde nicht nur häufiger genutzt, sondern auch für größere Summen: Der Umsatzanteil lag bei fast 60 Prozent. Bei der letzten Studie aus dem Jahr 2023 entfiel nur noch etwas mehr als ein Viertel der Umsätze auf Bargeld.

Vor allem junge Leute nutzen lieber die Karte oder das Handy zum Bezahlen: In der Gruppe der 18- bis 24-Jährigen fand laut der Bundesbankstudie nur gut jede dritte Zahlung mit Bargeld statt. Im Jahr 2021 war es noch jede zweite. Ähnlich ist das Bild bei den 25- bis 34-Jährigen. Zum Vergleich: In der Gruppe der 55-Jährigen und älter liegt der Anteil bei über 50 Prozent. Allerdings ist auch hier die Tendenz sinkend.

Sind die Tage des Bargelds auch in Deutschland gezählt? Stirbt es langsam aus? Bundesbank und auch EZB betonen, dass das Bargeld noch lange eine wichtige Rolle spielen soll. „Banknoten sind Teil unserer Wirtschaft, unserer Identität und unserer Kultur", lautet ein Zitat von EZB-Chefin Christine Lagarde zu dem Thema. Wie um die Bedeutung des Bargelds zu betonen, arbeitet die EZB an neuen Scheinen, die in einigen Jahren eingeführt werden sollen.

Tatsächlich sprechen viele Gründe dafür, dass Bargeld einen wichtigen Platz im Geldsystem einnehmen sollte. Mit Karte bezahlen ist zwar bequem. Doch Bargeld bietet Bürgerinnen und Bürgern eine Reihe von Vorteilen:

Bargeld ist anonym und schützt die Privatsphäre: Eine Barzahlung hinterlässt keine Datenspur. Digitale Bezahlvorgänge werden abgespeichert und sind später noch einsehbar, zum Beispiel auf dem Kontoauszug. Bargeld ist die einzige Form von Geld, die jeder ohne die Beteiligung eines Dritten aufbewahren kann.

Bargeld hilft, den Überblick über die Ausgaben zu bewahren: Wer mit Karte zahlt, kann leicht den Überblick verlieren. Wer Bargeld nutzt, kann nicht mehr ausgeben, als sie oder er hat. Bargeld hilft also, die Ausgaben im Griff zu behalten.

Bargeld ist schnell: Die Zahlung ist mit der Übergabe von Scheinen oder Münzen erledigt. Und es ist sicher: Die Menschen können mit Bargeld sparen, ohne ein Ausfallrisiko einzugehen. Es bietet Schutz vor Cyberkriminellen und Betrügern. Ein Konto kann gehackt werden, Karten können manipuliert werden. Und nicht zuletzt funktioniert Bargeld auch im Krisenfall: Systemausfälle und technische Pannen können dem Bargeld nichts anhaben. Es behält seine Funktion.

Die Digitalisierung des Geldes

Doch was passiert, wenn der Trend anhält? Seit geraumer Zeit arbeitet die EZB bereits an einer digitalen Alternative zum Bargeld, dem „Digitalen Euro“. Die Vorbereitungsphase für dieses Projekt begann im November 2023. Ihr ging eine zweijährige Untersuchungsphase voraus.

Auf den ersten Blick scheint es keinen großen Unterschied zu machen, ob mit der Girocard – besser bekannt als EC-Karte –, privaten Online-Bezahldienstleistern oder eben künftig möglicherweise dem Digitalen Euro bezahlt wird. Alles ist irgendwie bargeldlos. Doch tatsächlich gibt es einen großen Unterschied. Beim Geld auf einem Bankkonto – auf das die Girocard oder andere Karten für eine Zahlung zurückgreifen – handelt es sich um Giralgeld. Bargeld hingegen ist Zentralbankgeld. Auch das mag erst einmal nicht weltbewegend sein, und normalerweise ist es das auch nicht. Der Unterschied wird aber höchst relevant, wenn eine Bank in Zahlungsschwierigkeiten gerät. Dann wird den Sparern klar, dass ihr Guthaben auf dem Konto tatsächlich ein Kredit ist, den sie der Bank geben. Sie sind Gläubiger und müssen im Insolvenzfall hoffen, dass sie ihr Geld zurückbekommen – wofür allerdings dank der verschiedenen Systeme der Einlagensicherung eine hohe Wahrscheinlichkeit besteht. Beim Zentralbankgeld gibt es dieses Risiko dagegen nicht. Eine Notenbank kann nicht insolvent werden (siehe „Was ist Geld?“, S. 20).

Der Digitale Euro würde das Zentralbankgeld in die digitale Welt bringen. Er soll ein „digitaler Zwilling“ sein und die gleichen Eigenschaften wie Bargeld haben. Auch E-Commerce-Zahlungen wären dann mit Zentralbankgeld möglich – ähnlich wie der Einkauf mit Geldscheinen im Supermarkt.

Als Argument für den Digitalen Euro nennt die EZB auch die Unabhängigkeit. Es geht um die digitale Souveränität Europas, um eine eigene Infrastruktur. Die bargeldlosen Zahlungsverkehrssysteme werden vor allem von amerikanischen Konzernen dominiert. Europäische Zahlungsdienstleister spielen kaum eine Rolle. Es gibt darüber hinaus kein einheitliches System für ganz Europa. Der Digitale Euro würde in allen Ländern des Euro-Raums funktionieren. Wie mit Bargeld könnte in allen Mitgliedsländern einheitlich bezahlt werden. Deshalb arbeitet die EZB an einer digitalen Bargeldalternative. Sie ist damit nicht allein: Auch andere Notenbanken auf der Welt machen sich Gedanken. Diese Digitalwährungen werden als Central Bank Digital Currency (CBDC) bezeichnet. Es gibt weltweit mehr als 100 solcher Projekte.

Gemäß den Plänen der EZB könnten die Bürgerinnen und Bürger bei ihrer Bank oder auch bei entsprechenden öffentlichen Stellen wie Postfilialen eine elektronische Geldbörse, ein sogenanntes Wallet einrichten. Von einem Referenzkonto könnte dann Geld als Token auf das Wallet überwiesen werden. Auch direkte Bargeldeinzahlungen sollen möglich sein. Der Digitale Euro wäre also auch für Menschen zugänglich, die bisher kein Konto haben. In der Fachsprache nennt man diese Gruppe „unbanked people". Zahlungen mit dem Digitalen Euro sollen in Echtzeit online wie offline möglich sein.

Die Entwicklung des Digitalen Euros wird allerdings kritisch beäugt. Bedenken kommen aus zwei Richtungen. Das Bankensystem weist auf die Gefahren hin, die sich daraus ergeben, dass Zentralbankgeld sicherer ist als Giralgeld. Bisher haben die Verbraucher nicht wirklich die Wahl. Sie können zwar Zentralbankgeld als Scheine und

Münzen halten. Aber ein Konto bei der Zentralbank ist ihnen verschlossen. Das ist den Geschäftsbanken vorbehalten, die hier ihre Überschussliquidität parken können und ein solches Konto für die Durchführung von Überweisungen brauchen (siehe „Wie entsteht Geld?“, S. 26).

Kommt nun der Digitale Euro, könnten auch Privatpersonen und Firmen ein solches Konto bei der EZB haben. Es wäre dann rational, das Geld von den Konten bei den Geschäftsbanken auf das Zentralbankkonto zu überweisen. Denn wie gesagt: Eine Notenbank kann nicht insolvent werden. Das Geld wäre dort also sicherer als bei den Geschäftsbanken. Auch wenn Einlagen bei Geschäftsbanken gut geschützt sind, gerade für große Summen besteht ein gewisses Restrisiko. Ein Bankensystem ohne Einlagen ist zwar denkbar. Ein massiver Abzug würde aber für erhebliche Turbulenzen sorgen und wäre mit hohen Risiken für Stabilität und Kreditversorgung verbunden.

Die Angst vor dem Digitalen Euro

In eine ganz andere Richtung gehen die Warnungen, die in Foren und Youtube-Videos diskutiert werden: Hier wird der Digitale Euro als „programmierbares Geld“ gesehen, das nur entwickelt wird, um die Menschen zu überwachen und zu steuern. Die Angst: Mit der Einführung des Digitalen Euros könnte jede Transaktion in Echtzeit überwacht, gespeichert und analysiert werden. Die EZB hätte im Extremfall uneingeschränkten Einblick in sämtliche Geldbewegungen. Womöglich könnte sie sogar unerwünschtes Verhalten sanktionieren, indem das Geld an- und abgeschaltet wird oder bestimmte Zahlungsvorgänge nicht mehr zulässig sind.

Für diese Kritiker ist der Digitale Euro die Vorstufe zur endgültigen Abschaffung des Bargelds. Nicht nur gäbe es dann den praktisch gläsernen Bürger. Er könnte sich auch nicht mehr vor radikalen Maßnahmen seitens der Geldpolitik oder der Politik generell schützen. Bisher begrenzt die Möglichkeit, sein gesamtes Vermögen in Bargeld zu halten, zumindest auf dem Papier die Höhe von Negativzinsen. Im Zweifelsfall können Sparer ihre Konten leerräumen, um sich davor zu schützen. Ohne Bargeld ginge das dann nicht mehr, so die Warnungen. Das Horrorszenario der Kritiker: Bürger sind mit dem Digitalen Euro den Entscheidungen der Notenbanker und den Begehren der Politik schutzlos ausgeliefert. Warum nicht so etwas wie eine Kontosteuer einführen, um den Staatshaushalt aufzubessern? Oder Schwundgeld einführen, das mit der Zeit an Wert verliert? Das könnte in einer Wirtschaftskrise genauso wie hohe Negativzinsen helfen, weil die Bürger dann dazu gezwungen sind, ihr Geld auszugeben, wenn sie nicht wollen, dass es immer weniger wird.

Auch wenn es für diese Szenarien keinerlei Anzeichen gibt: Die bisherigen Planungen der EZB versuchen, diese Befürchtungen zu adressieren. Mit Blick auf die Banken sollen die Bürger nur einen begrenzten Betrag in ihrem Wallet halten können. Im Gespräch sind einige Tausend

Euro. Das soll verhindern, dass in großem Maßstab Geld von den klassischen Bankkonten transferiert wird. Muss doch einmal eine größere Summe bezahlt werden, füllt sich das Wallet automatisch auf. Die Rede ist vom „Wasserfall-Prinzip“: Wenn nötig, fließt Geld vom Referenzkonto nach. Zudem soll das Guthaben auf dem Wallet nicht verzinst sein. Auch das mindert die Attraktivität und beugt der Gefahr vor, dass größere Summen dort geparkt werden.

Damit niemand Angst um seine Privatsphäre haben muss, verspricht die EZB ein hohes Maß an Sicherheit und Datenschutz. Der Digitale Euro soll mehr Privatsphäre bieten als andere digitale Zahlungsmethoden. Die EZB betont, dass sie – anders als kommerzielle Anbieter – kein Interesse an Daten hat. Es sollen nur pseudonymisierte Daten verarbeitet werden. Technisch könnte das so aussehen, dass nur die ausgegebenen Tokens registriert sind – ähnlich wie die Seriennummer von Geldscheinen – aber nicht abgespeichert wird, wer die Tokens hat. Auch dass der Digitale Euro offline ohne Internetverbindung verfügbar sein soll, soll die Privatsphäre schützen. Die Tokens können dann ausgetauscht werden, ohne dass die Gefahr besteht, dass Daten abgegriffen werden.

Ob der Digitale Euro kommt, wird letztendlich eine politische Entscheidung sein. Nach Abschluss der Vorbereitungsphase im vierten Quartal 2025 müssen sich die Regierungen der Mitgliedsstaaten und das Europäische Parlament auf ein entsprechendes Gesetz einigen.

Ein digitales Finanzökosystem

Der Digitale Euro ist weit mehr als nur ein Bargeldersatz und die Überführung des Euros in die Zukunft. Es geht um ein komplettes digitales Finanzökosystem. Hierbei ist der Digitale Euro für Verbraucher – Retail Digitaler Euro, wie er in Fachkreisen genannt wird – nur ein Baustein. Das Thema wird noch viel größer gedacht. Es geht um neue Anwendungen für Banken und die Industrie. Die Planungen dazu laufen unter dem Namen Wholesale Digitaler Euro und Business-to-Business Digitaler Euro. Digitale Bezahlsysteme, die auf der Blockchain-Technologie basieren, eröffnen eine Vielzahl von Möglichkeiten für neue Geschäftsmodelle. Stablecoins, wozu auch der Digitale Euro gehören würde, könnten in Zukunft verschiedene Probleme lösen. International agierende Konzerne verfügen zum Beispiel über eine große Anzahl von Konten. Weil schlecht planbar ist, wann und wo eine Abbuchung stattfindet, muss überall Geld vorgehalten werden. Krypto-Tokens könnten hingegen immer genau dort sein, wo sie gebraucht werden. Zahlungsprozesse könnten in den Businessprozess integriert werden und die Effizienz deutlich steigern: Die erbrachte Leistung löst die Bezahlung aus. Es kommt zu keiner Verzögerung mehr, weil ein Mensch die Zahlung zum Beispiel autorisieren muss. Die Bedingungen sind in Smart Contracts festgehalten und werden automatisch überprüft. Sind sie erfüllt, wird die Zahlung ausgelöst. Im sogenannten Internet of Things oder in der Industrie 4.0 könnten Maschinen selbstständig ihre Leistungen abrechnen. Denkbar wäre zum Beispiel, dass ein Unternehmen eine geliehene Maschine nicht mehr pauschal auf Monatsbasis bezahlt, sondern nach Zahl der gefertigten Stücke (pay per use). Oder eine Maschine stellt einer anderen Maschine ein Vorprodukt in Rechnung. Oft wird hierbei von Machine-to-Machine-Payments (M2M-Payments) gesprochen. Eine neue Transparenz in Wirtschaftsprozessen zeichnet sich damit am Horizont ab.

Mehr noch als beim bargeldlosen Bezahlen an der Supermarktkasse oder im Internet geht es hier um die digitale Souveränität und Autonomie Europas. Man will das Feld nicht den US-Unternehmen mit ihren Stablecoins überlassen. Groß ist die Befürchtung, in eine Abhängigkeit zu geraten und anfällig zu werden für Sanktionen. Schon in der Vergangenheit nutzte die US-Regierung die Bedeutung des Dollars im weltweiten Zahlungsverkehr, um Sanktionen gegen Drittstaaten eine internationale Dimension zu verleihen. Sie entfalteten eine extraterritoriale Wirkung. Selbst Unternehmen außerhalb der USA mussten sich den Sanktionen anschließen, wenn sie den Zugang zum US-Finanzmarkt nicht verlieren wollten. Mit wachsender Bedeutung von Stablecoins und anderen Krypto-Währungen könnte sich auch hier ein Feld für Sanktionen und politischen Druck eröffnen, wenn der Markt von amerikanischen Firmen dominiert wird.

Der Digitale Euro soll eine offizielle Alternative zu privatwirtschaftlichen Stablecoin-Angeboten sein. Unternehmen sollen sich darauf verlassen können, dass ihre

Geschäfte nicht von Sanktionen bedroht sind. Darüber hinaus verspricht die EZB auch Stabilität und Sicherheit, die private Anbieter nicht leisten können. Zwar ist die Idee hinter privaten Stablecoins, dass sie eins zu eins mit einer Währung gedeckt sind. Aber ein Restrisiko besteht, dass der Anbieter nicht verantwortungsbewusst mit diesem Geld umgeht – und womöglich in Schwierigkeiten gerät. Dazu kommt auch hier wieder die Gefahr der Datensicherheit: Was macht der Anbieter mit den Daten, die er durch den Einsatz seiner Coins gewinnt? Auch hier sieht die EZB ein Argument für den Digitalen Euro und hofft, der europäischen Gemeinschaftswährung durch eine offizielle Lösung auch im Finanzsystem der Zukunft einen wichtigen Platz zu sichern.

Bitcoin als Geld der Zukunft?

Eine Zukunft ohne Bargeld oder mit einem Digitalen Euro als Alternative klingt radikal und ungewohnt. Und doch sind noch viel tiefgreifendere Veränderungen denkbar. Mit dem Erfolg des Bitcoins und der wachsenden Staatsverschuldung (siehe „Ist unser Geldsystem in Gefahr?“, S. 40) scheint es, als wäre eines Tages auch ein ganz anderes Geldsystem möglich.

Noch erfüllt der Bitcoin nicht die klassischen Geldfunktionen (siehe „Was ist Geld?“, S. 12). Zwar eignet sich der

Bitcoin als Recheneinheit, aber er ist noch nicht allgemein akzeptiert. Die Bezahlfunktion erfüllt er also nur sehr eingeschränkt. Das Gleiche gilt für die Funktion als Wertspeicher. Der Wert eines Bitcoins schwankt stark, die Volatilität ist hoch. Gleichwohl sind das alles Momentaufnahmen. Bitcoin-Anhänger verweisen darauf, dass die Krypto-Währung noch sehr jung ist. Mit der Zeit werde die Akzeptanz wachsen und die Volatilität zurückgehen, sobald die Verbreitung zunehme.

Der Bitcoin blickt in der Tat bisher auf eine kurze Geschichte zurück. Das Konzept wurde im Jahr 2008 in einer Veröffentlichung – einem sogenannten Whitepaper – beschrieben. Der Urheber ist unter dem Namen Satoshi Nakamoto bekannt. Wer sich dahinter verbirgt, ist ein Rätsel – man weiß noch nicht einmal, ob es sich dabei um eine Einzelperson oder eine Gruppe handelt.

Was Nakamoto in dem Whitepaper beschreibt, ist eine Technologie, die bei Geldgeschäften aller Art auf das Hinzuziehen eines vertrauenswürdigen Dritten verzichtet. Bei Finanzgeschäften sind das in der Regel Banken, die die Zahlungen abwickeln. Bitcoins kann dagegen jeder senden, empfangen und halten. Das Netzwerk benötigt keine Genehmigung von Regierungen oder Banken, um zu funktionieren. Die Nutzerinnen und Nutzer brauchen lediglich ein sogenanntes digitales „Wallet", eine Art digitale Geldbörse, um darin Krypto-Währungen zu speichern und zu versenden. Ein Bankkonto brauchen sie dazu nicht. Jedes Wallet ist über den sogenannten „Public Key" eindeutig identifizierbar, ähnlich der Kontonummer eines Bankkontos.

Bei einer Überweisung muss dieser öffentliche Schlüssel angegeben werden. Daneben gibt es noch einen zweiten Schlüssel, den „Private Key“. Er ist nötig, um auf das Wallet zuzugreifen. Dieser Private Key muss gut geschützt werden. Erbeuten ihn Hacker, sind die Bitcoins auf dem Wallet in Gefahr. Geht er verloren, ist ein Öffnen des Wallets nicht mehr möglich.

Bitcoin läuft über ein Netzwerk von Tausenden Computern (sogenannte „Nodes“) auf der ganzen Welt. Es gibt keine zentrale Instanz (wie eine Bank), die alles verwaltet. Alle Käufe, Verkäufe und Zahlungen in Bitcoin sind in Datenblöcken gespeichert, die in einer Kette aneinander hängen. Das ist die Blockchain.

Bevor ein neuer Block hinzugefügt wird, muss eine komplizierte Rechenaufgabe gelöst werden („Proof of Work“). Das wird von den sogenannten „Minern“ erledigt. Die Berechnungen erfordern eine große Computerleistung und viel Energie. Wer die Aufgabe als Erster löst, erhält zur Belohnung einen Bitcoin nebst einer Gebühr, alle anderen Miner gehen leer aus. In dem Block werden die wartenden Transaktionen von Bitcoin-Nutzern gebündelt. Bis dahin befinden sie sich zunächst in einem Zwischenspeicher, dem Mempool. Der Block wird an alle anderen Teilnehmer des Netzwerkes gesendet und überprüft. Wenn alles korrekt ist, wird der Block zur Blockchain hinzugefügt.

Neben dieser Dezentralität ist die zweite Revolution bei Bitcoin, dass die Anzahl der Coins streng limitiert ist. Es ist festgelegt, dass es nur 21 Millionen Stück der Krypto-Währung geben wird. Sie sind unterteilt in 100 Millionen

Satoshi je Bitcoin als Untereinheit. Das Angebotslimit ist im Bitcoin-Code verankert. Dort ist auch festgeschrieben, dass sich die Belohnung für die Validierung eines Blocks alle vier Jahre halbiert, das sogenannte Halving. Im Jahr 2140 wird somit die Gesamtzahl der existierenden Bitcoins die maximale Menge von 21 Millionen erreichen. Danach erhalten die Miner keine neu geschürften Bitcoins mehr für ihre Arbeit, sondern nur eine kleine Gebühr.

Der Schwenk vom Papiergeld zu Bitcoin wäre ein radikal neuer Weg. Das Geldsystem wäre nicht mehr zentral wie bisher, sondern dezentral organisiert. Es gäbe keine staatliche Kontrolle mehr. Die Notenbanken und Regierungen verlören ihren Einfluss. Da die Anzahl von Bitcoin streng limitiert ist, wäre keine beliebige Geldschöpfung mehr möglich. Die Bitcoin-Anhänger hoffen, dass dann die Zeit der ausufernden Staatsverschuldung vorbei ist. Sie träumen sogar davon, dass es dann auch keine Kriege mehr gibt. Denn ohne Schulden wären sie nicht mehr finanzierbar. Der Slogan „Bitcoin fixes this" fasst die große Hoffnung zusammen, dass mit einem „besseren Geld" auch alles andere besser würde.

Werden sich diese Träume erfüllen? Man darf dabei nicht vergessen, dass Staaten zu allen Zeiten sehr kreativ darin waren, neue Geldquellen zu erschließen, um ihren Finanzbedarf zu decken. Zur Not wurden Schuldscheine ausgegeben, Steuern erhöht oder Eigentum der Bürgerinnen und Bürger konfisziert. Zu Zeiten des klassischen Goldstandards hoben die Regierungen die Bindung auf und ließen Geld drucken, um genug Geld für den Ersten Weltkrieg zu haben.

Ebenso wenig darf man die Nachteile außer Acht lassen, die mit dem Bitcoin verbunden sind. Durch die strenge Limitierung wirkt er deflationär. Die Geldmenge bleibt gleich, aber das Warenangebot steigt. Damit besteht ein großer Anreiz, Bitcoin zu halten, statt sie auszugeben. Das „Geldkleid“ für die Wirtschaft ist zu eng (siehe „Wie schlimm ist Inflation?“, S. 81). Es droht damit eine Welt ohne Wachstum.

Es kann nicht ausgeschlossen werden, dass in vielen Ländern eines Tages mit Bitcoin bezahlt werden kann. Theoretisch ist das schon jetzt möglich. In El Salvador war die Krypto-Währung von 2021 bis 2025 sogar gesetzliches Zahlungsmittel – neben dem US-Dollar. Aber Bitcoin als Zahlungsmittel mit einer breiten Anerkennung? Das wäre in verschiedenen Szenarien denkbar, wie beispielsweise bei einem massiven Vertrauensverlust ins Papiergeld, der eine Währungsreform nötig macht, oder einem kompletten Zusammenbruch des weltweiten Finanzsystems aufgrund einer extremen Krise, der zu einem Neuaufbau führt. Vielleicht führen auch weitere Staaten ähnlich wie El Salvador den Bitcoin als Parallelwährung ein, und er setzt sich mit der Zeit durch. Ausgeschlossen werden kann nichts. Doch die Wahrscheinlichkeit dafür ist aus heutiger Sicht sehr gering. Zu groß sind die Unwägbarkeiten und zu groß die Gefahren eines solch radikalen Wechsels, mit dem die Staaten außerdem auf ihr Geldmonopol verzichten würden.

Realistischer scheint momentan, dass der Bitcoin eines Tages eine wichtige Rolle als Wertspeicher spielen kann. Hierfür braucht es weder eine gewaltige Krise noch ein

Gesetz. Zumindest auf dem Papier erfüllt die Krypto-Währung wichtige Voraussetzungen – womöglich sogar besser als etablierte Anlagen wie Gold: Der Bitcoin ist knapp, beständig, im Gegensatz zu Gold leicht zu transportieren und kann nicht manipuliert werden. Allein die hohe Volatilität ist noch ein erhebliches Hindernis. Das Kriterium der Wertbeständigkeit erfüllt der Bitcoin noch nicht. Sollten die Schwankungen mit der zunehmenden Reife zurückgehen, wie die Anhänger des Bitcoins hoffen, wäre auch diese Bedingung erfüllt.

08

Wie vermehre ich mein Geld?

Gute Geldanlage beginnt mit einer einfachen Frage: Warum? Warum will ich anfangen zu sparen? Diese Frage muss beantwortet sein, bevor es um das Wie geht, also die konkreten Möglichkeiten der Geldanlage von Tagesgeld bis Aktien und die verschiedenen Strategien, die einem helfen, mehr aus seinem Geld zu machen. Die Frage nach dem Warum stellt die Weichen für alles, was danach kommt.

Der Grund: Bei der Geldanlage konkurrieren mehrere oft gegenläufige Ziele miteinander. Die wichtigsten sind Sicherheit, Rendite und Liquidität, wie sie zum Beispiel im sogenannten „magischen Dreieck der Geldanlage“ dargestellt werden. Das Dreieck zeigt: Alle drei Ziele lassen sich nicht gleichzeitig erreichen. Es gibt keine Anlage, die gleichzeitig hochliquide ist, eine Traumrendite liefert und hohe Sicherheit bietet. Maximal zwei der drei Werte lassen sich maximieren, beim dritten müssen Anlegerinnen und Anleger dann entsprechende Abstriche machen. Geldanlage ist somit ein Optimierungsproblem.

Welche Facetten haben diese drei Ziele? Und wie stehen sie zueinander?

→ **Sicherheit:** Bei der Sicherheit geht es um die Planbarkeit der Geldanlage. Je höher die Wahrscheinlichkeit, dass zu einem bestimmten Zeitpunkt eine gewünschte Summe Geld da ist, desto größer ist die Sicherheit der gewählten Anlagestrategie. In dieser Hinsicht bietet das Bankkonto eine sehr große Sicherheit. Der eingezahlte Betrag ist mit hoher Wahrscheinlichkeit auch noch in einem oder auch in zehn Jahren da. Bei Aktien kann man das nicht mit der gleichen Gewissheit behaupten. Die Kurse schwanken, Unternehmen können pleitegehen und das investierte Geld damit verloren sein. Allerdings hängt das Risiko sehr von der gewählten Strategie ab. Und man darf nicht vergessen: Selbst wenn der nominale Betrag auf dem Bankkonto über all die Jahre gleich bleibt, kann dessen Wert trotzdem abnehmen. Denn die Kaufkraft der gesparten Euros sinkt mit der Zeit aufgrund der Inflation. Die Zinsen reichen kaum, um die Geldentwertung dauerhaft zu schlagen. Das ist kaum überraschend: Denn die erzielbare Rendite ist Ausdruck des Risikos, das man bereit ist einzugehen. Hohe Sicherheit geht daher tendenziell mit einer geringen Rendite einher.

→ **Liquidität:** Wie schnell und zu welchem Preis komme ich an mein angelegtes Geld? Darum geht es bei der Liquidität. Das Guthaben auf dem Tagesgeld- oder Girokonto ist praktisch sofort abrufbar. Ein paar Klicks oder der Gang zum Geldautomaten im Falle des Girokontos genügen. Schwieriger wird es dagegen bei Festgeld. Hier ist das Geld für ein oder gar mehrere Jahre nicht erreichbar. Hoch illiquide sind Immobilien. Ein kurzfristiger Verkauf ist – wenn überhaupt – nur mit erheblichen Abschlägen möglich. Zwar sind Aktien ähnlich wie Tagesgeld hoch liquide und ein Verkauf schnell möglich. Allerdings kann auch hier je nach Börsenlage der Verkaufserlös geringer sein, als man gehofft hat.

→ **Rendite:** Die Rendite ist der Ertrag, den das investierte Geld in einem bestimmten Zeitraum erzielt. Sie ist der entscheidende Faktor für den Vermögensaufbau. Er beginnt, wenn die Rendite nach Kosten mindestens der Höhe der Inflation entspricht. Dann bleibt zumindest der Wert des angelegten Kapitals real, also nach Abzug der Inflation, erhalten. Eine Rendite unterhalb der Teuerungsrate heißt, dass der Wert des Kapitals sinkt. Man kann sich in Zukunft von der Summe weniger kaufen als jetzt. Der Wunsch nach Rendite steht dabei in einem Spannungsfeld mit dem Wunsch nach Sicherheit. Denn Rendite ist der Preis des Risikos, das man bereit ist, einzugehen. Hohes Risiko bedeutet auch die Chance auf eine hohe Rendite. Auf der anderen Seite droht unter Umständen aber auch ein hoher Verlust. Bei der Geldanlage gilt es, die richtige Balance zwischen einem angemessenen Risiko und einer angemessenen Rendite zu finden. Eine wichtige Rolle spielt dabei auch die individuelle Situation: Nicht jeder kann und will ein hohes Risiko eingehen.

Der Zusammenhang zwischen Rendite und Risiko

Die Antwort auf die Warum-Frage gibt den Ausschlag dafür, auf welchem der drei Ziele bei der Geldanlage der Schwerpunkt liegen soll. Die Kombination aus Sicherheit, Liquidität und Rendite sieht anders aus, wenn die Antwort auf das Warum lautet „ein großer Urlaub in zwei Jahren", oder wenn sie lautet „ein möglichst sorgenfreies Leben im Alter".

Der große Unterschied zwischen diesen beiden Zielen, abseits vom Wunsch nach Urlaub oder einem entspannten Ruhestand, ist der Faktor Zeit. Ein langer Anlagehorizont relativiert Risiken, die kurzfristig sehr hoch sein können. Er eröffnet damit die Chancen auf Renditen, die bei einem kurzen Anlagehorizont mit großen Gefahren verbunden sind.

Ist das Warum geklärt, geht es im nächsten Schritt an das Wie. Geld, das kurzfristig verfügbar sein soll, muss anders angelegt werden als Geld, das man erst in vielen Jahren braucht. Kurzfristige Verfügbarkeit erfordert Planbarkeit. Das bedeutet: Sicherheit und Liquidität stehen im Vordergrund. Es wäre schließlich schlecht, wenn ausgerechnet kurz vor dem Start in den Urlaub das Geld nicht da oder nicht verfügbar ist. Die Anlageoptionen sind in solchen Situationen begrenzt. Wer ein hohes Maß an Sicherheit und Liquidität will, dem bleibt praktisch nur ein Tagesgeldkonto. Solche Spareinlagen sind in der EU und insbesondere in Deutschland sehr gut vor einem Ausfall geschützt (siehe „Wo ist mein Geld sicher?“, S. 168). Steht der Zeitpunkt fest, zu dem das Geld gebraucht wird, kommt auch ein Festgeldkonto mit passender Laufzeit infrage.

Die Rendite muss zurückstehen, wenn sowohl hohe Sicherheit als auch Liquidität gewünscht sind. Wie beschrieben, ist die Rendite die Kehrseite des Risikos. Sie ist im Grunde die Entschädigung für die Gefahren, denen der Anleger sein Geld aussetzt. Geringes Risiko und hohe Liquidität führen entsprechend zu wenig Rendite. Die Unterstützung beim Vermögensaufbau fällt also eher gering aus. Mit passenden Tages- oder Festgeldvergleichen kann man jedoch versuchen, sie trotzdem etwas zu optimieren. Unter test.de/tagesgeld bzw. test.de/festgeld gibt es einen laufend aktualisierten Überblick.

Werden hohe Liquidität und geringes Risiko gewünscht, scheidet die Börse als vernünftige Option aus. Hier lassen sich zwar potenziell deutlich höhere Renditen erzielen als mit Fest- oder Tagesgeldern. Allerdings ist auch das Kursrisiko an der Börse hoch. Die Schwankungen machen eine Vorhersage, wie viel Geld in einer Woche, einem Monat oder einem Jahr zur Verfügung stehen wird, unmöglich. Selbst eine Prognose für den nächsten Tag kann schwierig sein, weil immer etwas passieren kann, das die Kurse einbrechen lässt. Geld, das kurzfristig benötigt wird, gehört daher nicht in Aktien.

Mit Aktien Vermögen aufbauen

Anders sieht es bei einem langen Anlagehorizont aus. Hier ist es möglich, ein bisschen Sicherheit zu opfern zugunsten der Chance auf erheblich höhere Renditen. Mit der richtigen Strategie lässt sich das Risiko deutlich senken, wenn das Geld erst in zehn Jahren oder besser sogar noch später benötigt wird.

Dafür muss man als Anleger verstehen, dass es bei der Geldanlage in Aktien verschiedene Risiken gibt. Relevant sind vor allem zwei Gefahren: Die eine ist das Einzeltitelrisiko. Damit ist gemeint, dass sich die Lage des Unternehmens, in das man investiert, verschlechtern kann. Märkte ändern sich, die Welt ändert sich, Trends ändern sich – es gibt vielerlei Gründe, warum Geschäfte nicht mehr laufen. Im Extremfall kann das Unternehmen pleitegehen und vom Markt verschwinden. Das hat auch Folgen für den Aktienkurs. Bleiben die Gewinne aus, geht es runter – bei einer Pleite droht sogar der Totalverlust.

Doch davor kann man sich als Anleger schützen: Mit Aktien von vielen unterschiedlichen Unternehmen im Depot sinkt das Einzeltitelrisiko. Wenn sich das investierte Geld auf mehrere Hundert Aktien aus verschiedenen Branchen und Ländern verteilt, fällt das Schicksal des einzelnen Unternehmens kaum noch ins Gewicht. Man spricht hier von Streuung oder Diversifikation.

Die Risikominderung durch Streuung lässt sich nicht nur intuitiv herleiten, sondern auch wissenschaftlich untermauern. Mathematisch lässt sich zeigen, dass die Kombination von unterschiedlichen Aktien – oder allgemeiner formuliert unterschiedlichen Vermögensklassen („Assets") – die Wertschwankungen eines Portfolios senkt, und zwar umso stärker, je weniger sie korreliert sind, sich also nicht im Gleichklang bewegen. Um es sehr vereinfacht an zwei Aktien zu verdeutlichen: Nehmen wir an, die beiden Aktien haben eine Volatilität von 20 Prozent und eine Rendite von jeweils sieben Prozent. Die Korrelation liegt bei 50 Prozent. In Kombination hat ein Portfolio aus diesen beiden Aktien bei einer Gleichgewichtung weiterhin eine Rendite von sieben Prozent. Die Volatilität ist aber niedriger als die Volatilität der beiden Einzelaktien. Genauer gesagt liegt sie bei 17,3 Prozent, wie sich mathematisch anhand einer komplizierten Formel berechnen lässt. Diversifikation ist beim Investieren der einzige „free lunch", wie es der Vater der modernen Portfoliotheorie, Harry Markowitz, einmal gesagt haben soll. Wörtlich soll er gesagt haben: „Diversification is the only free lunch in investing." Was er damit meint: Normalerweise muss man beim Investieren auf Rendite verzichten, wenn man das Risiko reduziert. Schließlich werfen Anlageformen mit einem geringeren Risiko weniger ab. Nichts ist umsonst. Streuung dagegen reduziert das Risiko, allerdings nicht im gleichen Maße die Rendite. Sie liefert also einen echten Mehrwert. Aus Sicht von Markowitz ist das wie ein „freies Mittagessen".

Die zweite Gefahr ist das Marktrisiko. Hierbei geht es um das Auf und Ab an der Börse. Diese Schwankungen müssen Anlegerinnen und Anleger ertragen, und sie können durchaus heftig sein. Es gab schon Phasen an der Börse, wo es jahrelang nach unten ging. Das kann Nerven kosten, weil der Wert des investierten Vermögens im Depot zusammenschmilzt. Dafür gibt es aber als Entschädigung eine deutlich höhere Rendite als auf dem risikoarmen Bankkonto.

Das Beruhigende ist: Die Vergangenheit hat gezeigt, dass der Markt auf Sicht von gut zwölf Jahren noch jeden Rückschlag aufgeholt hat. Mit der Anlagedauer sank das Verlustrisiko. Selbst Kursstürze von 60 Prozent hat der Markt verkraftet. Die Rücksetzer waren im Nachhinein nur ein mehr oder weniger tiefes Schlagloch auf dem Weg zu einem neuen Rekordhoch.

Die Begründung für diese empirische Beobachtung liegt in den Wesensmerkmalen des Kapitalismus. Eines davon ist die Gewinnmaximierung. Es gibt eine sehr hohe Korrelation zwischen der Entwicklung der Gewinnerwartungen und der Entwicklung der Kurse. Unternehmen konkurrieren nicht nur um Kunden, sondern auch um das Kapital der Investoren. Nur die Besten können in diesem Wettbewerb bestehen. Kann ein Unternehmen die Renditeerwartungen der Investoren nicht erfüllen, wird es keine neuen Investoren finden, und bestehende Investoren ziehen ihr Kapital unter Umständen sogar aus dem Unternehmen ab. Ein solches Unternehmen muss handeln. Das Management ergreift Gegenmaßnahmen, beschließt einen Sparkurs oder lanciert neue Produkte. Ist es erfolgreich, steigen bald die Gewinne wieder. Scheitert es, wird entweder das Management ausgetauscht, oder das Unternehmen verschwindet vom Markt. Ein Wettbewerber rückt dann an dessen Stelle. Das einzelne Unternehmen ist also immer bedroht, in der Gesamtheit steigen die Unternehmensgewinne allerdings auf Dauer – und damit die Aktienkurse. Auch wenn es mal zu Übertreibungen in die eine oder andere Richtung kommt: Die Gewinnerwartungen und die Kursentwicklung sind eng korreliert.

Natürlich kann es auch Schocks geben, die das gesamte Wirtschaftssystem erschüttern. Solche Krisen sind aber nicht das Ende, sondern der Beginn eines Anpassungsprozesses. Unternehmen können in so einer Krise verschwinden, sogar ganze Branchen. Das System als Ganzes passt sich aber an und macht gestärkt weiter. Solange die Menschen essen, trinken und konsumieren, wird es in einer kapitalistischen Wirtschaftsordnung Unternehmen geben, die darum kämpfen, diese Bedürfnisse erfüllen.

Das heißt: Mit einem breit diversifizierten Aktienportfolio und einem langen Anlagehorizont lassen sich die größten Risiken der Börse deutlich minimieren. Die Schwankungen, die das Investment kurzfristig unkalkulierbar machen, fallen langfristig praktisch nicht mehr ins Gewicht.

Ein solches Portfolio mit Aktien aus allen Branchen und aus allen Ländern zu erstellen ist inzwischen kein großes Problem mehr. ETF (Exchange Traded Funds) sind eine günstige Möglichkeit, um breit gestreut zu investieren. ETF sind passive Fonds, die einen Index abbilden. Es gibt also keinen Fondsmanager, der die Aktien auswählt. Ein Index fasst die Entwicklung einer großen Zahl von Aktien zusammen, die in aller Regel nach bestimmten Kriterien wie Branche, Region oder Börsenwert ausgewählt wurden. Ein Beispiel für einen Index ist der DAX. Er enthält die größten börsennotierten Unternehmen Deutschlands. Mit dem Kauf des entsprechenden ETF investiert der Anleger in alle Aktien dieses Index und nimmt an der Entwicklung des Index praktisch eins zu eins teil.

Unter den vielen Indizes, in die auf diese Art investiert werden kann, sind auch Welt-Indizes. Sie können Aktien von mehreren Tausend unterschiedlichen Unternehmen umfassen. ETF auf diese Indizes machen es möglich, in die größten Unternehmen der Welt zu investieren. Die Zusammensetzung des Index wird regelmäßig aktualisiert. Zwar kann niemand wissen, welche Unternehmen in Zukunft zu den erfolgreichsten gehören und welche alle Krisen meistern werden. Aber man weiß, dass man in sie auf jeden Fall investiert sein wird. Wer über einen regelmäßigen Sparplan investiert, kann Kursschwankungen sogar für den Vermögensaufbau nutzen. Rücksetzer werden dann zu einer günstigen Gelegenheit, um für das gleiche Geld mehr Anteile am ausgewählten ETF zu erwerben.

Die Rendite von Welt-Indizes konnte sich in den vergangenen Jahren sehen lassen. Der wohl bekannteste dieser Welt-Indizes, der rund 1400 Aktien umfassende MSCI World, kam seit 1988 auf eine Durchschnittsrendite von knapp 8,6 Prozent pro Jahr. Aus einem Anfangsinvestment von 10 000 Euro wären im Laufe von 30 Jahren vor Kosten und Steuern fast 119 000 Euro geworden. Rein rechnerisch reicht eine Rendite von etwas mehr als sieben Prozent aus, damit sich das Kapital innerhalb von zehn Jahren verdoppelt.

Der Zinseszinseffekt als Helfer beim Investieren

Nicht nur eine gute Rendite ist wichtig für die Geldvermehrung, sondern auch der sogenannte Zinseszinseffekt: Es vermehrt sich nicht nur das ursprünglich eingesetzte Geld, sondern auch die erzielten Gewinne. Die gemachte Rendite wirft also noch einmal eine Rendite ab. Das führt mit der Zeit zu einem exponentiellen Wachstum.

Sehr gut illustriert den Zinseszinseffekt folgendes Rätsel: Was ist besser – eine Million Euro oder ein magischer Cent, der sich einen Monat lang jeden Tag verdoppelt? Die Antwort ist der Cent. Denn durch die tägliche Verdopplung sind aus dem einen Cent am Monatsanfang nach 30 Tagen fast 5,4 Millionen Euro geworden.

Wer die Kraft dieses Zinseszinseffekts bestmöglich nutzen will, sollte möglichst früh mit dem Investieren anfangen. Das schafft viel Zeit, damit der Effekt seine Wirkung entfalten kann. Je früher man anfängt, desto geringer ist die Sparrate, die nötig ist, um die finanziellen Ziele zu erreichen. Will man bis zum Renteneintritt mit 67 Jahren 100 000 Euro ansparen, muss man bei einer Rendite von durchschnittlich sieben Prozent monatlich knapp 40 Euro anlegen, sofern man mit 27 beginnt. Insgesamt muss man gut 19 000 Euro sparen, der Rest ist Gewinn. Startet man erst mit 37, sind es schon rund 85 Euro monatliche Sparrate und noch einmal zehn Jahre später gut 196 Euro im Monat. Man muss dann fast 53 000 Euro aus eigener Kraft beisteuern, um das Sparziel zu erreichen.

Eine geringere Sparrate kann sogar zu einer größeren Endsumme führen als eine höhere Sparrate – dank des Faktors Zeit. Wer mit 37 Jahren anfängt und zehn Jahre lang 200 Euro spart und dann das Geld liegen lässt, hat mit 67 Jahren ein Vermögen von 133 100 Euro. Wer mit 47 Jahren anfängt und 20 Jahre lang spart, hat bei gleicher Sparrate bis zur Rente mit 67 Jahren ein Vermögen von 102 000 Euro. Obwohl also doppelt so lange gespart wurde, ist das Vermögen am Ende kleiner. Unterstellt ist wieder eine durchschnittliche Rendite von sieben Prozent.

Für den Vermögensaufbau sind damit drei Dinge entscheidend: Sparrate, Rendite und Zeit. Die Kombination dieser drei Faktoren entscheidet über die Höhe. In einer Formel zusammengefasst: Endvermögen = Sparsumme x Zeit x Rendite.

09

Macht Geld glücklich?

„Geld allein macht nicht glücklich. Es gehören auch noch Aktien, Gold und Grundstücke dazu“, scherzte einst der amerikanische Schauspieler und Komiker Danny Kaye (1911–1987). Auf humorvolle Art beantwortete Kaye damit eine Frage, über die schon die Philosophen der Antike debattiert hatten: Macht Geld glücklich? Für die Stoiker zum Beispiel war die Antwort klar. Es sei Dummheit, zu glauben, „dass es die Menge an Geld und nicht die Gemütsverfassung ist, die zählt“, schrieb beispielsweise Seneca (1–65 n. Chr.). Bei dem römischen Philosophen Musonius (30–102 n. Chr.) kann man nachlesen, dass viel Geld nicht vor Kummer schütze und im Alter nicht tröste. Die Stoiker sahen in Reichtum sogar etwas, was dem Glück im Wege steht. Denn, so meinten sie, wer im Luxus lebe, verliere die Fähigkeit, sich an einfachen Dingen zu erfreuen. Luxus steigere das Verlangen nach noch mehr Luxus. Der

Geist werde zum Sklaven der Launen und Schwelgereien des Körpers, warnte Seneca.

Eine gewisse Summe Geld ist in der westlichen Welt ohne Zweifel wichtig, um die eigene Existenz zu sichern, die Grundbedürfnisse zu stillen und das Leben nach den eigenen Vorstellungen zu gestalten. Aber wie hoch ist diese Summe? Und steigt die Zufriedenheit mit dem Kontostand? Die Wissenschaft versucht, mit Befragungen eine Antwort auf die Frage nach dem Zusammenhang zwischen Glück und Geld zu finden.

Lange Zeit ging die Forschung davon aus, dass es keinen linearen Zusammenhang zwischen Einkommen und Zufriedenheit gibt. Berühmt wurde hier vor allem eine Analyse des Wirtschaftsnobelpreisträgers Daniel Kahneman und des Ökonomen Angus Deaton. Die beiden hatten in einer Studie aus dem Jahr 2010 rund 450 000 Antworten einer täglichen Umfrage der Gallup Organisation aus den Jahren 2008 und 2009 ausgewertet und kamen zu dem Schluss, dass Geld einen abnehmenden Grenznutzen hat: Zwar steigt anfänglich die Zufriedenheit mit dem Einkommen. Aber mit wachsendem Vermögen fällt der Glückszuwachs immer geringer aus. Kahneman und Deaton stellten fest, dass ab einem Einkommen von 75 000 Dollar die Kurve deutlich abflachte. Das Geld reicht, um ein angenehmes Leben zu führen. Man muss sich keine Sorgen machen, seine Rechnungen nicht zahlen zu können, und kann sich ein paar Annehmlichkeiten leisten. Mehr Geld macht das Leben vielleicht luxuriöser. Aber eine größere Wohnung oder ein schickerer Urlaub erhöhen nicht das Glücksgefühl. „Mit mehr Geld kann man nicht unbedingt mehr Glück kaufen, aber weniger Geld ist mit emotionalem Schmerz verbunden", lautet das Fazit von Kahneman und Deaton. „Vielleicht sind 75 000 Dollar eine Schwelle, ab der weitere Einkommenssteigerungen die Fähigkeit des Einzelnen nicht mehr verbessern, das zu tun, was für das emotionale Wohlbefinden am wichtigsten ist, wie Zeit mit Menschen zu verbringen, die er mag, Schmerzen und Krankheiten zu vermeiden und die Freizeit zu genießen."

Doch so eindeutig ist die Forschungslage nicht. Mit großer Aufmerksamkeit nahm die Fachwelt eine Studie des amerikanischen Glücksforschers Matthew Killingsworth auf. Er kam in der 2021 veröffentlichten Analyse zu einem anderen Ergebnis als Kahneman und Deaton einige Jahre vor ihm. Killingsworth stellt fest, dass Wohlstand und Zufriedenheit sehr wohl etwas miteinander zu tun haben. Dafür analysierte Killingsworth rund 1,7 Millionen Echtzeitangaben. Die Daten dafür stammten aus dem „Track your happiness"-Projekt, bei dem 30 000 US-Bürgerinnen und -Bürger per App zufällig über den Tag hinweg befragt wurden, wie sie sich gerade fühlten. Die Daten zeigten, dass mit dem Einkommen die Zufriedenheit („life satisfaction") und das Wohlbefinden („well-being") anstiegen – und zwar deutlich über die Schwelle von 75 000 Dollar hinaus. Wo die Grenze liegt, konnte Killingsworth nicht sagen, da die Datenlage bei Einkommen über 500 000 Dollar zu dünn war und er deshalb die hohen Einkommen in einer Gruppe zusammengefasst hatte. Aber bis dahin war der Anstieg linear. Und das stand im Widerspruch zu der bisherigen Annahme des abnehmenden Grenznutzens.

Wer hat recht? Hat Geld etwas mit Glück zu tun oder nicht? Und wie kommen die unterschiedlichen Ergebnisse zustande? Das fragten sich auch Kahneman und Killingsworth und schauten sich ihre Daten für eine weitere Studie noch einmal an. Ihr 2023 veröffentlichter Aufsatz trägt den vielsagenden Titel „Einkommen und Wohlbefinden: Der Konflikt ist gelöst". Die beiden Forscher fanden heraus, dass die These vom abnehmenden Grenznutzen sich auch in den App-Daten bestätigen ließ, allerdings nur für eine kleine Gruppe. Wer notorisch unglücklich ist, dem hilft auch mehr Geld nur bedingt. Was auch immer es ist, weswegen manche Menschen unzufrieden sind – mehr Geld macht es nicht wirklich besser. Kahneman und Killingsworth erkannten bei ihrer Neuauswertung auch, dass offensichtlich das Datenmaterial aus der ersten Studie verzerrt war: Die Gallup-Umfrage maß nicht, wie glücklich jemand ist, sondern wie unglücklich. Das Fazit der ersten Studie hätte also heißen müssen: Unglücklich zu sein nimmt bis zu einer Grenze von 75 000 Dollar ab und sinkt dann nicht weiter.

Allerdings wäre es jetzt die falsche Schlussfolgerung, zu sagen, dass Geld der Schlüssel zum Glück ist. Kahneman und Killingsworth weisen in ihrer Analyse darauf hin, dass die Korrelation zwar „statistisch robust" ist, aber dennoch nicht sonderlich stark ausgeprägt. Daraus lässt sich schließen: Wer viel Geld besitzt, ist also nicht automatisch glücklich.

Schaut man sich weitere Untersuchungen an, wird schnell klar, dass es mehr braucht als nur Geld. „Ich bin am glücklichsten, wenn ich mein Geld zähle", taucht nie als Antwort in den Befragungen auf. Genannt werden dagegen andere (Glücks-)Momente – wie sie zum Beispiel das Institut für Demoskopie in Allensbach in seiner Studie „Glücksdefinitionen und -erfahrungen der Bevölkerung“ aus dem Jahr 2002 herausarbeitet.

Ein wichtiges Ergebnis der Studie ist die Bedeutung von Freiheit. Glückliche Menschen beschreiben ihren Freiheitsspielraum als weitaus größer als Personen, die sich als weniger glücklich einstufen. Eine große Bedeutung kommt auch den sozialen Kontakten zu. Die Forscher stellten eine Korrelation zwischen der Größe des Bekanntenkreises und Glückserlebnissen fest: Menschen, die von häufigen Glückserlebnissen berichten, haben mehrheitlich einen großen Bekanntenkreis, wohingegen Personen, die sich als wenig glücklich einschätzen, ihren Bekanntenkreis als wesentlich kleiner beschreiben. Ein dritter wichtiger Faktor: das Flow-Erlebnis, also der Moment, wo man in einer Tätigkeit völlig versunken ist und alles andere um sich herum vergisst. Bei Personen mit Flow-Erlebnissen treten Glückserlebnisse deutlich häufiger auf als bei anderen Menschen.

Interessant ist hierbei auch ein Blick auf das PERMA-Modell, das auf den Psychologieprofessor und einstigen Präsidenten der American Psychological Association Martin Seligman zurückgeht. Seligman gilt als Begründer der positiven Psychologie, bei der es um die Faktoren für ein gelingendes und erfülltes Leben geht. Die fünf Buchstaben P, E, R, M und A stehen für fünf Bereiche des Lebens, die darüber entscheiden, wie glücklich jemand ist.

Die fünf Glücksfaktoren sind:

→ **P** steht für **positive Emotionen** wie etwa Dankbarkeit, Hoffnung, Zuversicht und Ehrfurcht.

→ **E** wie **Engagement** steht für Tätigkeiten, die einen Menschen erfüllen.

→ **R** steht für **Relationships,** also Beziehungen zu anderen Menschen.

→ **M** steht für **Meaning.** Die Sinnhaftigkeit des eigenen Handelns zu spüren ist demnach ein wichtiger Faktor für Glücksempfinden.

→ **A** schließlich steht für **Accomplishment** oder auch **Achievement,** also Leistung. Hier geht es darum, sich Ziele zu setzen und sie auch zu erreichen.

In der oben erwähnten Allensbach-Studie finden sich diese Faktoren in den Umfrageergebnissen wieder: Glückliche Menschen sind zum Beispiel unternehmungslustig, interessieren sich für viele Dinge und bekommen leicht Kontakt zu anderen Menschen. „Durchgängig belegen die Ergebnisse der Studie den engen Zusammenhang zwischen einem aktiven Leben, intakten sozialen Kontakten und dem Vertrauen in die eigenen Gestaltungskräfte“, schreiben die Forscher.

Man sieht: Viel Geld ist für all das nicht nötig. Es schadet aber mit Sicherheit auch nicht. Wer Geld hat, hat mehr

Möglichkeiten. Man kann wählen, wo und wie man lebt. Man arbeitet nur noch, weil man will, und nicht mehr, weil man muss. Geld kann daher Freiheit bedeuten, und wie die Allensbach-Studie zeigt, sind Menschen glücklicher, die sich frei fühlen.

Wer Geld hat, hat die Chance, seinen Interessen nachzugehen oder besondere Erlebnisse mit Freunden und Freundinnen zu organisieren, die in Erinnerung bleiben. Geld kann auch die Sicherheit geben, um Wagnisse einzugehen, zu reüssieren und sich so auch wirkmächtig zu fühlen. Scheitern ist zwar auch möglich, bedroht jedoch nicht die Existenz.

Voraussetzung für all das ist, dass man die Chancen, die einem Geld bietet, auch nutzt. Geld ist ein Werkzeug, das zum Einsatz kommen muss. Geld darf nicht zum Selbstzweck werden, genauso wenig wie man sich zum Sklaven seines Geldes machen sollte. Viel Geld auf dem Konto mag zwar ein angenehmes Sicherheitsgefühl vermitteln. Es ist aber eher zweifelhaft, ob die Maximierung des Reichtums zu einem erfüllten und glücklichen Leben führt. Ein reiches Leben bemisst sich weniger in Euro und Cent als vielmehr in der Summe der gemachten Erfahrungen. Kaum ein Mensch dürfte Freude daran empfinden, im Alter die eigenen Kontoauszüge durchzublättern. Freude kommt eher beim Anschauen der eigenen Fotoalben auf. Es geht also um die Frage: Reich leben oder reich sterben? Will man ein reiches Leben führen oder der reichste Mensch auf dem Friedhof sein? Umfragen zeigen, dass der Glaube, Geld könnte glücklich machen, mit dem Alter eher abnimmt.

Geld ermöglicht angenehme Erfahrungen: Urlaube, erfüllende Hobbys, sportliche Aktivitäten. Wer geizig ist, wird weniger erleben. Natürlich kann man auch ohne Geld schöne Erfahrungen machen. Aber oft ist es so, dass Erlebnisse Geld kosten, und dieses Geld kann gut investiert sein. Denn es geht nicht nur um das Erleben eines besonderen Moments. Was die Investition zusätzlich abwirft, ist eine Erinnerungsdividende. Sie wird jedes Mal ausgeschüttet, wenn man sich mit Freude an das Erlebnis erinnert. Sie kann sogar die Basis für neue Erinnerungen sein: Von Reisen oder besuchten Ausstellungen im Freundeskreis bei einem gemeinsamen Abendessen zu erzählen kann ein neues Erlebnis schaffen, das im Gedächtnis bleibt. Wer zu sparsam ist, verpasst nicht nur besondere Momente, sondern verzichtet auch auf Lebensfreude.

Genauso kann Geld eingesetzt werden, um unangenehme Erfahrungen zu vermeiden. Wer nicht gerne die Steuererklärung macht, kann eine Steuerkanzlei beauftragen. Wer nicht gerne die Wohnung putzt, engagiert eine Reinigungskraft. Natürlich wäre es billiger, die Sachen selbst zu machen. Man würde also Geld sparen. Aber der Preis dafür sind schlechte Laune und Zeit, die einem für schöne Dinge fehlt.

Es ist also schon ein bisschen so, wie es der Komiker Danny Kaye sagte: Geld allein macht nicht glücklich. Es braucht schon etwas mehr dazu. Geld erhöht die Wahrscheinlichkeit für ein glückliches Leben. Aber entscheidend ist, was man aus seinem Geld macht.

10

Wie lernen Kinder den Umgang mit Geld?

In der Kindheit stellen die Eltern mit ihrer Erziehung Weichen fürs spätere Leben. Sie geben nicht nur ihre Gene weiter, sondern vermitteln durch Vorleben und Regeln auch ihre Wertvorstellungen und Glaubenssätze. Entsprechend haben Eltern auch großen Einfluss darauf, wie der Nachwuchs über Geld denkt: Hat Geld eine große Bedeutung? Für was steht Geld? Wird sparsam gelebt oder Geld großzügig ausgegeben? Für was wird Geld ausgegeben? Kinder schauen sich viel ab, auch im Umgang mit Geld. Dessen sollten sich Mütter und Väter immer bewusst sein.

Neben ihrer Vorbildfunktion können Eltern aber noch mehr tun, um ihre Kinder an das Thema Geld heranzuführen. Wichtig ist zum einem das offene und unverkrampfte

Gespräch. Hier können Eltern ihrem Sohn oder ihrer Tochter Erfahrungen vermitteln, Fragen beantworten und zum Nachdenken anregen.

Es gibt verschiedene Möglichkeiten, wie Eltern und Kinder ins Gespräch über Geld kommen können. Alltagssituationen wie beispielsweise der gemeinsame Einkauf im Supermarkt können einen guten Anlass bieten. Eine passende Frage könnte lauten: „Hast du dich schon mal gefragt, warum wir nicht einfach alles kaufen können, was wir wollen?“

Das Teilen eigener Kindheitserinnerungen ist eine weitere Möglichkeit, um Kindern wichtige Lektionen zum Umgang mit Geld zu vermitteln. So kann die Mutter davon erzählen, wie sie als kleines Mädchen lange auf ein Spielzeug gespart hat: „Als ich so alt war wie du, habe ich auf ein Kuscheltier gespart.“ Oder der Vater kann davon erzählen, wie er sich für sein erspartes Taschengeld endlich etwas Schönes gegönnt hat, statt das Geld immer weiter zu horten.

Kleinere Geldgeschenke von Oma oder Opa können auch ein willkommener Anlass für ein Gespräch sein: Was will das Kind mit dem Geld machen? Was wünscht es sich, was braucht es wirklich? Und wie viel kann man sich von fünf oder zehn Euro überhaupt kaufen?

Immer wieder wird es auch vorkommen, dass das Kind selbst den Anlass für Gespräche über Geld liefert. Ihm wird ab einem gewissen Alter auffallen, dass der ein oder andere Freund mehr Spielsachen hat, in einem größeren Haus wohnt oder öfter in den Urlaub fährt. Wenn das Kind nach den Gründen fragt, sollten die Eltern es ernst nehmen und nicht einfach mit „Das ist halt so“ abtun. Stattdessen können sie Zusammenhänge erklären und Hintergründe vermitteln. Vielleicht fährt die Familie nicht so oft in den Urlaub, aber dafür richtig lange. Das Haus des Freundes ist zwar größer, aber man spare lieber ein bisschen an der Miete, um noch Geld für andere Dinge übrig zu haben. Nicht jeder verdient gleich viel, und verschiedene Berufe sind unterschiedlich bezahlt. Und ja, das Kinderzimmer ist nicht voller Spielzeug, dafür war die Familie aber erst letzte Woche zusammen im Zoo. So kriegt das Kind ein erstes Gespür dafür, dass Geld nicht endlos verfügbar ist, es verdient werden muss und Prioritäten bei den Ausgaben wichtig sind. Man kann und will sich auch vielleicht nicht alles leisten.

Die Bedeutung von Taschengeld

Neben Gesprächen über Geld sollten Kinder auch ihre eigenen Erfahrungen mit Geld machen können. Sie lernen nicht nur durch Beobachtung und Gespräche, sondern auch durch eigenes Tun. Eltern sollten deshalb ab einem gewissen Alter ihrem Sohn oder Tochter regelmäßig Taschengeld zahlen. Das Deutsche Jugendinstitut (DJI), das sich intensiv mit dem Thema beschäftigt, empfiehlt Eltern, spätestens ab dem Grundschulalter damit anzufangen. Tatsächlich erhalten laut einer Umfrage aus dem Jahr

2023 Kinder in der Altersgruppe sechs bis 13 Jahre zu 91,3 Prozent regelmäßig etwas Geld von ihren Eltern. Kinder im Alter von vier bis fünf Jahren bekommen nur zu 39,9 Prozent Taschengeld.

Einen Betrag von 2 bis 2,50 Euro pro Woche für Kinder ab sechs Jahren halten die Experten des Deutschen Jugendinstituts für angemessen. Für kleinere Kinder liegt die Empfehlung bei ein bis zwei Euro pro Woche. Mit dem Alter des Kindes sollte auch das Taschengeld steigen. Eine Orientierungshilfe ist die Taschengeldtabelle des DJI, die alle vier Jahre angepasst wird.

Taschengeld hilft Kindern, sich eigene Wünsche zu erfüllen, und fördert die Selbstständigkeit. Sie lernen, dass sie sich das Geld einteilen und auch mal auf etwas verzichten müssen. Das heißt, sie können selbst Entscheidungen treffen und müssen dafür auch die Verantwortung übernehmen. Damit werden die Grundlagen für sinnvolles Haushalten im Erwachsenenalter gelegt.

Beim Taschengeld sollten die Eltern jedoch einige Regeln beachten:

→ **Regelmäßigkeit:** Das Taschengeld sollte immer am gleichen Tag zum Beispiel jeden Sonntag oder jeden ersten Sonntag im Monat gezahlt werden. Das hilft dem Kind, Planen und Geduld zu lernen. Es sollte auch ein fester Betrag sein, auf den sich das Kind verlassen kann.

→ **Kein „Nachschießen“:** Ist das Taschengeld aufgebraucht, gibt es kein Extra-Geld bis zur nächsten Zahlung. So lernen Kinder, sich das Geld einzuteilen und bewusste

Entscheidungen zu treffen. Kommen Sohn oder Tochter nicht mit dem Taschengeld aus, können die Eltern das zum Anlass für ein Gespräch nehmen über Ausgaben, bessere Einteilung oder Zuverdienstmöglichkeiten.

→ **Tochter und Sohn gleich behandeln:** Beim Taschengeld darf es keine Unterschiede geben. Der Betrag wird nur je nach Alter in der Höhe angepasst.

→ **Freie Verfügung:** Das Taschengeld gehört dem Kind. Es darf grundsätzlich selbst entscheiden, wofür es das Geld ausgeben will, und muss sich dafür nicht rechtfertigen. Die Eltern können aber beratend begleiten und die Folgen von Entscheidungen erläutern. Zum Beispiel: „Du wolltest dir doch eigentlich einen neuen Fußball kaufen. Wenn du jetzt dein Geld für Süßigkeiten ausgibst, musst du länger darauf warten." Oder: „Du hast doch schon so viele Spielzeugautos. Brauchst du wirklich noch eins?"

→ **Keine Erpressung:** Das Taschengeld ist kein Erziehungsmittel. Es sollte nicht als Strafe gestrichen und genauso wenig zur Belohnung eingesetzt werden. Es wird unabhängig vom Verhalten des Kindes bezahlt.

Richtig aufgesetzt, kann das Taschengeld einen wichtigen Beitrag dazu leisten, Kindern wertvolles Wissen über Geld zu vermitteln. Nicht nur, dass sie ihre eigenen Erfahrungen mit Geld machen. Es gibt Eltern und Kindern auch die Chance, über Wirtschaften, Haushalten und Planen zu sprechen.

Ein guter Geld-Start ins Leben

Eltern sollten nicht nur darüber nachdenken, wie sie mit ihrem Kind über Geld reden. Keine Frage, das Vermitteln von Wissen und Erfahrungen ist wichtig. Mit der richtigen Geldanlage können sie ihrem Sohn oder ihrer Tochter aber zusätzlich fürs spätere Leben helfen. Es ist schön, wenn das Kind nicht nur gute Werte zum Umgang mit Geld entwickelt hat, sondern zum Start ins Erwachsenenleben auch ein bisschen Geld hat.

Schon mit kleinen Summen können Eltern und Verwandtschaft hierfür die Grundlagen schaffen. Oft wandert das Geld von Opa und Oma oder den Paten auf ein Sparbuch. Doch das ist wenig ratsam. Denn die Rendite dort ist äußerst gering. Das muss nicht sein. Kinder bringen beste Voraussetzungen für einen Aktiensparplan an der Börse mit, der deutlich höhere Renditechancen bei überschaubarem Risiko bietet: Sie haben einen langen Anlagehorizont, denn in den meisten Fällen sollen sie das Geld ja erst mit Volljährigkeit erhalten. Und sie lassen sich nicht vom Auf und Ab an der Börse nervös machen. Schließlich wissen die Kinder meist gar nicht, dass für sie gespart wird.

Die Umsetzung eines solchen Aktiensparplans ist relativ einfach. Als Erstes ist ein Wertpapierdepot nötig. Hier müssen die Eltern überlegen, ob sie ihr eigenes nutzen oder eines im Namen des Kindes eröffnen. Läuft das Depot auf ihren Namen oder nutzen sie ihr eigenes Depot, haben sie die Verfügungsgewalt über das Geld. Die Eltern müssten es also später gar nicht an ihr Kind weiterreichen. Sie könnten das Geld auch für sich behalten. Auf der anderen Seite schmälert ab einer gewissen Summe das fürs Kind angelegte Geld den Sparerfreibetrag der Eltern. Wenn das Depot dem Kind gehört, hat es seine eigene Freigrenze für die Erträge. Rechtlich gehört das Geld dann aber auch der Tochter oder dem Sohn. Eltern dürfen es nur bis zur Volljährigkeit verwalten. Eine Reihe von Banken bietet spezielle Depots für Kinder an. Bedenken sollten die Eltern aber auch, dass es bei sehr großen Summen Probleme mit BAföG und der kostenfreien Mitversicherung in der Familienversicherung geben kann.

Nach der Depotfrage folgt die Entscheidung darüber, wie gespart werden soll und in was investiert wird. Hier ist ein ETF-Sparplan auf Welt-Indizes wie den MSCI World empfehlenswert. Auf diese Weise können Eltern kostengünstig breit gestreut investieren (siehe „Wie vermehre ich mein Geld?“, S. 109). Alternativ oder ergänzend zum Sparplan bietet sich ein Festgeldkonto an. Die Renditechancen sind hier zwar kleiner als beim ETF-Sparplan, die Verzinsung ist aber immer noch deutlich höher als auf dem Sparbuch oder Tagesgeldkonto.

Eine Rückrechnung zeigt, dass Eltern mit einem Sparplan auf den MSCI World über monatlich 50 Euro in den vergangenen 20 Jahren (2005 bis 2025) ein Vermögen in Höhe von fast 42 000 Euro für ihr Kind aufgebaut hätten. In Kombination mit der richtigen Gelderziehung legen Eltern somit eine gute Grundlage für einen gelungenen Start ihres Kindes ins Erwachsenenleben.

11

Wie wird Geld hergestellt?

Wer ganz genau hinschaut, kann auf den deutschen Euro-Münzen einen kleinen Buchstaben entdecken. Bei den 1-, 2- und 5-Cent-Münzen steht er links vom Eichenzweig auf der Rückseite, bei den 10-, 20- und 50-Cent-Münzen unter dem Brandenburger Tor. Wer gerade keine Münze aus Deutschland zur Hand hat, entdeckt vielleicht ein Füllhorn oder einen Löwen.

Die Zeichen geben – neben der Gestaltung der länderspezifischen Rückseite – Auskunft darüber, wo die Münzen hergestellt wurden. Nur wenige Euro-Staaten wie etwa Estland oder Irland verzichten darauf. Das Füllhorn ist zum Beispiel das Zeichen für Frankreich, der Löwe das für Finnland. Im Falle der deutschen Münzen lässt sich anhand des Buchstabens sogar die Münzstätte identifizieren, in der das Geldstück hergestellt wurde: Die Staatliche Münze Berlin hat den Buchstaben A, das Bayerische

Hauptmünzamt versieht seine Münzen mit dem Buchstaben D. Ein F oder ein G erhalten die Münzen der Staatlichen Münze Baden-Württemberg, je nachdem, ob sie in Stuttgart (F) oder Karlsruhe (G) geprägt wurden. Auch aus Hamburg kommen Münzen. Die Münzen der Hamburgischen Münze sind am Buchstaben J zu erkennen. Damit teilen sich in Deutschland insgesamt fünf Prägestätten die Herstellung der Euro-Münzen.

Es ist ein aufwendiges Verfahren. Der erste Schritt ist die Herstellung der sogenannten Matrize gemäß dem Gestaltungsentwurf. Sie dient als Vorlage für den eigentlichen Prägestempel. Auf den Matrizen ist das Münzbild seitenverkehrt zu sehen. In der Münzpresse werden diese Stempel in die sogenannten Ronden oder Schrottlinge gedrückt. So werden die kleinen runden Scheiben genannt, die aus dem gewünschten Metall für die Münzherstellung gestanzt wurden. Für die Cent-Münzen im Wert von ein, zwei und fünf Cent handelt es sich dabei um Kupfer, bei den anderen Cent-Münzen um eine Kupfer-Aluminium-Zink-Zinn-Legierung, genannt „nordisches Gold“. Der Außenring bei den 1-Euro-Münzen wiederum besteht aus Nickel-Messing und bei den 2-Euro-Münzen aus Kupfer-Nickel.

Auch auf den 1- und 2-Euro-Münzen lässt sich einiges entdecken. Hier sind nicht nur die Vorder- und Rückseite gestaltet, sondern auch der Rand. Bei den 1-Euro-Münzen ist es nur ein einfaches Rillenmuster. Bei den 2-Euro-Münzen ist die Gestaltung schon aufwendiger. Auch hier hat fast jedes Euro-Land eine andere Einprägung, die sogenannte Randschrift. Oft sind es Symbole, manchmal aber auch Wörter. Bei den deutschen 2-Euro-Münzen sind es zum Beispiel in Großbuchstaben „Einigkeit und Recht und Freiheit“ und zusätzlich der Bundesadler.

Zwar gibt es in der Gestaltung der Euro-Banknoten keine Unterschiede zwischen den Ländern, weil hier die EZB und die nationalen Notenbanken federführend sind und nicht wie bei den Münzen die jeweiligen Regierungen die Verantwortung haben. Doch auch die Scheine lassen sich auf ihr Ursprungsland zurückverfolgen.

Der erste Buchstabe der Seriennummer oben rechts auf der Rückseite verrät das Ursprungsland. Zu Beginn gab es nur Buchstaben für die einzelnen nationalen Zentralbanken, die die Scheine in Umlauf gebracht hatten. Bei den Banknoten der zweiten Serie (ab 2013) steht der Buchstabe, ähnlich wie bei den Münzen, für den Ort der Herstellung. Für Deutschland gibt es drei Kennbuchstaben: X, W und R. Die Scheine mit dem Buchstaben X wurden von Giesecke+Devrient in München gedruckt, die mit W in Leipzig. Scheine mit dem Kennbuchstaben R kommen aus der Bundesdruckerei GmbH. Der zweite Buchstabe in der Seriennummer hat keine Bedeutung und dient nur dazu, die Anzahl der möglichen Nummern zu erhöhen.

Der Druck einer Banknote kostet im Schnitt etwa zehn Cent. Die Kosten variieren je nach Größe und Sicherheitsmerkmalen. Auch die Produktionsmenge spielt eine Rolle. Gedruckt werden die Scheine auf Baumwollfaserpapier. Das macht sie griffig und besonders widerstandsfähig. Einige Sicherheitsmerkmale (siehe S. 131), wie das Wasserzeichen und der Sicherheitsfaden, werden direkt bei der Papierproduktion eingearbeitet.

Für den Druck wird das Motiv seitenverkehrt auf Druckplatten übertragen. Sie werden dann in die Maschinen eingebaut und mit Spezialdruckfarben bestrichen, bevor die Papierbögen die verschiedenen Maschinen durchlaufen. Dabei kommen verschiedene Drucktechniken wie Offsetdruck, Siebdruck und Stichtiefdruck zum Einsatz.

Die Motive zeigen auf den Euro-Banknoten Architekturstile aus sieben Epochen der europäischen Kulturgeschichte. Zu sehen sind allerdings keine existierenden Bauwerke aus den Euro-Ländern, um nicht Anlass für nationale Eifersüchteleien zu bieten. Zu sehen sind vielmehr fiktive architektonische Beispiele aus jeder Epoche. Momentan arbeitet die EZB an einer neuen Serie, die 2026 präsentiert und dann in einigen Jahren eingeführt werden soll. Die neuen Scheine haben die Themen „Europäische Kultur: Gemeinsame Kulturstätten“ und „Flüsse und Vögel: Stark durch Vielfalt“.

Schutz vor Fälschung

Die Euro-Banknoten sind mit aufwendigen Sicherheitsmerkmalen ausgestattet. So sind die Scheine der zweiten Serie mit einem Glanzstreifen und einem Sicherheitsstreifen durchzogen. Der Glanzstreifen erscheint je nach Betrachtungswinkel golden glänzend oder fast unsichtbar. Er weist Aussparungen in Form des Euro-Zeichens und des Wertes auf. Der Sicherheitsstreifen ist im Gegenlicht von beiden Seiten als dunkler Streifen zu erkennen.

Daneben gibt es noch Wasserzeichen und Hologramme. Hier lässt sich an verschiedenen Stellen das Porträt der mythologischen Sagengestalt Europa erkennen. Deshalb wird die zweite Serie auch „Europa-Serie“ genannt. Das Bild – im Original auf einer mehr als 2000 Jahre alten Vase aus Süditalien, die heute im Louvre steht – erscheint in dem Wasserzeichen über der Nennwert-Zahl des Euro-Scheins links auf der Vorderseite und in dem kleinen Fenster des Hologrammsteifens auf der rechten Seite. Spiegelbildlich ist es an diesen Stellen auch von der Rückseite zu sehen.

Weitere Sicherheitsmerkmale sind die Mikroschrift, die sich an verschiedenen Stellen im Motiv der Banknote befindet, und Reliefs. Sie lassen sich zum Beispiel an der linken und rechten Seite des Scheins erfühlen.

Um gefälschte Scheine zu erkennen, hilft das Prinzip „Fühlen – Sehen – Kippen“, um die einzelnen Sicherheitsmerkmale durchzugehen. Es reicht nicht, sich auf den Gesamteindruck zu verlassen. Wer Falschgeld findet, sollte umgehend die Polizei benachrichtigen. Auch wenn es keinen Ersatz gibt – einfach mit dem gefälschten Schein den nächsten Einkauf zu bezahlen ist riskant. Denn die Weitergabe von Falschgeld ist ebenso strafbar wie dessen Herstellung.

Wie die Bundesbank bei kaputten Geldscheinen hilft

Wie lange ein Schein hält, die sogenannte Umlaufdauer, hängt hauptsächlich von seiner Nutzung ab. Kleinere Scheine bis 50 Euro werden öfter zum Bezahlen benutzt als die großen Scheine. Die kleinen Scheine haben eine durchschnittliche Umlaufdauer von vier Jahren. Größere Scheine werden seltener im Alltag verwendet. 100- und 200-Euro-Scheine können dadurch deutlich länger im Umlauf bleiben. Teilweise sind es über zehn Jahre. Die Bundesbank achtet laufend auf den Zustand der Scheine. Sie versorgt Banken nicht nur mit Bargeld, sondern die Banken können auch Scheine und Münzen, die sie nicht für den Kassenbestand oder die Auszahlung an Kunden brauchen, an die Bundesbank schicken. Entdeckt die Bundesbank dabei Scheine, die nicht mehr den Qualitätsstandards genügen, zieht sie sie aus dem Verkehr.

Wenn ein Geldschein unabsichtlich zerreißt oder verbrennt, heißt das nicht automatisch, dass er wertlos ist. Die Bundesbank leistet unter gewissen Bedingungen Ersatz, und das normalerweise sogar kostenlos. Grundsätzlich ist für den Ersatz wichtig, dass mehr als die Hälfte des Scheins vorgelegt werden kann. Wenn nur noch weniger da ist, muss nachgewiesen werden, dass der Rest vernichtet ist.

Auch Münzen können erstattet werden, zum Beispiel, wenn sie stark abgegriffen sind und sich dadurch nicht mehr zum Bezahlen eignen. Das gilt aber nicht, wenn die

Münze mit Absicht beschädigt wurde. Wer also zum Beispiel mit einem Hammer auf einer Münze herumgehauen hat, hat schlechte Chancen, Ersatz dafür zu bekommen.

Um beschädigte Scheine oder Münzen erstattet zu bekommen, müssen Sie einige Schritte beachten:

Es muss alles, auch kleinste Teile oder Reste, verpackt werden. Das kann zum Beispiel auch heißen, die Asche mit abzugeben. Außerdem muss ein Erstattungsantrag ausgefüllt werden, den es auf der Webseite der Bundesbank gibt. In diesem Antrag sollte die Schadensursache näher beschrieben und auch erklärt werden, warum Teile fehlen. Auch Gesundheitsgefahren zum Beispiel durch eine Kontamination gehören in den Antrag.

Schließlich müssen die Reste und das Formular zur Bundesbank. Helfen kann dabei die örtliche Bank oder Sparkasse, die alles weiterleitet. Oder man geht selbst zu einer der 31 Bundesbankfilialen. Alternativ ist auch der Postweg möglich. Empfänger ist in diesem Fall die Bundesbank in Mainz.

Danach ist ein bisschen Geduld nötig: Bis zur Erstattung oder Ablehnung können drei Monate vergehen. Das Geld wird nach Bearbeitung des Antrags entweder überwiesen oder kann in einer der Filialen der Bundesbank abgeholt werden.

Die Bundesbank ist auch Anlaufstelle für den Umtausch alter D-Mark-Scheine und -Münzen. Mehr als 20 Jahre nach Einführung des Euros ist noch längst nicht alles Bargeld der einstigen deutschen Währung aus dem Verkehr gezogen. Allein im Jahr 2024 waren es 53 Millionen D-Mark, die in Euro getauscht wurden.

Der Umtausch findet zum Kurs von einem Euro zu 1,95583 D-Mark statt und ist, abgesehen von wenigen Ausnahmen bei sehr alten Scheinen und Münzen, problemlos möglich – entweder in den Filialen der Bundesbank oder per Post. Dafür muss das Geld mit dem entsprechenden Antragsformular an die Bundesbankfiliale in Mainz geschickt werden. Hierbei ist allerdings zu beachten, dass die Bundesbank keine Haftung übernimmt.

Die Bundesbank geht davon aus, dass D-Mark-Scheine und -Münzen im Wert von insgesamt 6,24 Milliarden Euro noch nicht umgetauscht wurden. Die Summe verteilt sich auf 163 Millionen Scheine und 23 Milliarden Münzen. Ein Teil davon befindet sich wahrscheinlich im Ausland. Schließlich war die D-Mark eine international gefragte Währung. Womöglich wird sie also nie vollständig verschwinden.

12

Warum ist brutto nicht gleich netto?

Der gleiche Steuersatz für alle, oder sollten die, die mehr verdienen, auch mehr zahlen? Über die Frage, was gerecht und was ungerecht ist, lässt sich lange diskutieren. Manche Länder wie zum Beispiel Schweden, Estland und zahlreiche Staaten Osteuropas haben sich für die sogenannte Flat Tax entschieden. Hier gilt ein einheitlicher Steuersatz, der häufig ab einer gewissen Einkommenshöhe greift. Jeder zahlt also den gleichen Teil seines Einkommens an den Staat, egal wie viel man verdient. Das sorgt für Einfachheit und Transparenz. Quasi jeder kann mit dem Taschenrechner ausrechnen, wie viel an Steuern vom Einkommen abgeht.

Deutschland und zahlreiche andere Länder haben sich dagegen für einen anderen Weg entschieden. Wer mehr verdient, gibt hier verhältnismäßig mehr von seinem Einkommen ab. Deswegen gibt es nicht nur einen Steuersatz, sondern die Belastung steigt mit dem Einkommen an. Es gilt ein progressiver Steuertarif. Das erscheint gerecht und angemessen, und auf diese Weise kommt es durch das Steuersystem zu einer Umverteilung innerhalb der Gesellschaft. Besserverdienende zahlen verhältnismäßig mehr als diejenigen, die wenig verdienen. Die Ungleichheit wird damit ein Stück weit reduziert (siehe „Wie reich ist Deutschland?", S. 181).

Bei der deutschen Einkommensteuer gibt es insgesamt fünf Tarifzonen. Für Verheiratete sind die Beträge doppelt so hoch (alle Werte 2025):

→ **Tarifzone eins** ist der sogenannte Grundfreibetrag, auch einkommenssteuerliches Existenzminium genannt. Er ist steuerfrei. Ledige müssen bis zu einem Einkommen von 12 096 Euro keine Steuern zahlen.

→ **Tarifzone zwei** beginnt bei einem zu versteuernden Einkommen von 12 097 Euro und reicht bis zu einem Einkommen in Höhe von 17 443 Euro. Es werden also ab einem Einkommen von 12 097 Euro erstmalig Steuern fällig. Der Einstiegssteuersatz liegt bei 14 Prozent und steigt bis zum Ende der Tarifzone zwei auf bis zu 24 Prozent.

→ In **Tarifzone drei** setzt sich der Anstieg des Einkommenssteuersatzes fort, allerdings nicht mehr ganz so steil. Der Steuersatz klettert von 24 Prozent auf bis zu 42 Prozent. Diese Tarifzone gilt bis zu einem zu versteuernden Einkommen in Höhe von 68 480 Euro.

→ Ein Steuersatz in Höhe von 42 Prozent, der sogenannte Spitzensteuersatz, greift dann in **Tarifzone vier.** Er gilt für Einkommen ab 68 481 Euro.

→ Für Einkommen ab 277 826 Euro gibt es noch eine weitere Stufe, die **Tarifzone fünf.** Hier gilt der sogenannte Reichensteuersatz in Höhe von 45 Prozent.

Wie hoch der individuelle Steuersatz ist, ist wegen der unterschiedlichen Sätze nicht leicht zu errechnen. Es genügt nicht, sein Einkommen zu ermitteln und dann die passende Tarifzone zu suchen, um eine Vorstellung von der Belastung zu bekommen. Der Grund ist: Das Einkommen wird nicht als Ganzes versteuert, sondern für verschiedene Teile des Einkommens gelten unterschiedliche Steuersätze. Der Spitzensteuersatz in Höhe von 42 Prozent wird zum Beispiel nur für den Teil des Einkommens fällig, der 68 480 Euro übersteigt. Und auch diejenigen, die viel verdienen, profitieren vom steuerfreien Existenzminimum. Die Steuer, die am Ende gezahlt werden muss, setzt sich also aus den verschiedenen Steuerbeträgen der einzelnen Tarifzonen zusammen. Der persönliche Steuersatz ist also ein Durchschnittssteuersatz. Bei einem zu versteuernden Einkommen von 80 000 Euro gehen daher bei einem kinderlosen Single nicht 33 600 Euro als Einkommensteuer ans Finanzamt, also 42 Prozent, wie man vermuten könnte. Tatsächlich sind es 22 688 Euro, der Durchschnittssteuersatz liegt bei rund 28 Prozent. Die 42 Prozent in diesem Beispiel sind dagegen der Grenzsteuersatz. Er gibt an, mit wie viel Prozent der letzte Euro des zu versteuernden Einkommens belastet wird. Der Grenzsteuersatz ist der persönliche Spitzensteuersatz.

Wegen der notwendigen Zwischenberechnungen für jede Tarifzone ist es im Gegensatz zur Flat Tax ohne Hilfe recht kompliziert, seine Steuerlast abzuschätzen. Man ist vielmehr auf Steuerrechner angewiesen, wie Sie sie beispielsweise auf test.de finden.

Neben der komplizierten Berechnung gibt es weitere Kritikpunkte am System des progressiven Einkommensteuertarifs. Einer davon ist die hohe Belastung am oberen Einkommensrand. Bei Lohnsteigerungen greift der Grenzsteuersatz. Der obere Rand wird also deutlich höher belastet als der Rest des Einkommens. Vom Zuwachs kommt daher oft relativ wenig beim Arbeitnehmer an. Kritiker argumentieren, dass dadurch der Anreiz gemindert wird, mehr zu arbeiten.

Ein anderes Problem sind die Eckwerte der Tarifzonen, also die oberen Einkommensgrenzen in den Tarifzonen, Sie müssten regelmäßig angepasst werden, denn geschieht das nicht, rutschen immer mehr Beschäftigte durch Lohnerhöhungen in höhere Steuersätze. Es kommt zu „Steuererhöhungen durch die Hintertür". Das ist insbesondere dann ein Problem, wenn die Lohnerhöhung unter Berücksichtigung der Inflation das reale Einkommen gar nicht steigert. Der Arbeitnehmer muss dann eine höhere Steuer zahlen, obwohl er real gar nicht mehr verdient. Dieser Effekt wird „kalte Progression" genannt (siehe „Wie schlimm ist Inflation?", S. 75). Problematisch ist ein Steuertarif mit unterschiedlichen Tarifzonen auch dann, wenn die Zonen nicht mehr die tatsächliche Einkommensverteilung in der Gesellschaft abbilden. Wird zum Beispiel die Einkommensspanne, in der der Spitzensteuersatz greift, nicht erhöht, ist sie mit der Zeit nicht mehr nur auf Besserverdienende und Reiche beschränkt, sondern erfasst immer größere Gruppen. Auf dem Papier werden immer mehr Beschäftigte zu Spitzenverdienern.

Seit 2015 kümmert sich die Politik verstärkt um dieses Problem und passt die Eckwerte des Einkommensteuertarifs mindestens an die Entwicklung der Inflation an. So wurde zum Beispiel die Grenze für den Spitzensteuersatz von 52882 Euro auf 68481 Euro angehoben. Davor hatte sich für viele Jahre allerdings kaum etwas getan. Wie aus der Datensammlung des Bundesfinanzministeriums hervorgeht, stieg der Eckwert zwischen 2005 und 2015 gerade mal um knapp 700 Euro. In dieser Zeit wuchs die Zahl der Steuerpflichtigen im Spitzentarif von 1,2 auf 2,5 Millionen. Zuletzt – als jüngstes Datum weist der Bericht das Jahr 2020 aus – lag sie bei 2,8 Millionen.

Abgerechnet wird mit der Steuererklärung

Die Einkommenssteuer wird vom Finanzamt auf Basis der jährlichen Einkommenssteuererklärung erhoben. Das mag verwirrend klingen, weil in aller Regel bei jeder Gehaltsüberweisung bereits Steuern den Lohn mindern. Hierbei handelt es sich jedoch steuerrechtlich um die

Lohnsteuer. Sie ist – vereinfacht ausgedrückt – eine Vorauszahlung auf die Einkommenssteuer.

Die Lohnsteuer wird auf die fällige Einkommenssteuer angerechnet. Hat man unterjährig zu viel gezahlt, gibt es eine Rückerstattung. Das kann zum Beispiel der Fall sein, wenn man hohe Werbungskosten hat, die das zu versteuernde Einkommen mindern. Bei einer zu geringen Lohnsteuerzahlung muss man hingegen nachzahlen. Das kann passieren, wenn sich Verheiratete für die Steuerklassen-Kombination 3/5 entschieden haben. Der Grund: Wer Steuerklasse 3 hat, kann die Freibeträge des Partners nutzen. Das mindert die eigene monatliche Steuerlast, während der Partner mit Steuerklasse 5 mehr zahlt, als er müsste. Mit der Einkommenssteuererklärung wird dann „alles wieder geradegezogen". Die Steuerbelastung wird also nur nach hinten verschoben. Für den Vorteil am Monatsende droht dann eine eventuell kräftige Nachzahlung mit dem Einkommensteuerbescheid.

Die fällige Lohnsteuer wird in aller Regel jeden Monat vom Gehalt direkt abgezogen. An weiteren Steuern gehen gegebenenfalls die Kirchensteuer und der Solidaritätszuschlag ab. Dazu kommen die Sozialabgaben, die ebenfalls das Gehalt mindern. Der Beitrag zur Rentenversicherung beträgt 18,6 Prozent, für die Arbeitslosenversicherung werden 2,6 Prozent fällig und für die gesetzliche Krankenversicherung 14,6 Prozent zuzüglich eines kassenindividuellen Zusatzbeitrags. Er liegt im Durchschnitt bei 2,5 Prozent. Außerdem mindert noch der Beitrag für die Pflegeversicherung das Gehalt. Er beträgt 3,6 Prozent. Die Besonderheit ist hier, dass bei der Pflegeversicherung die

Zahl der Kinder berücksichtigt wird: Kinderlose müssen einen Beitragszuschlag von 0,6 Prozent zahlen, wer zwei Kinder oder mehr hat, profitiert von einem Abschlag.

Beschäftigte tragen die Sozialabgaben nicht allein. Sie teilen sie sich mit dem Arbeitgeber. Ausgenommen davon sind die Zu- beziehungsweise Abschläge bei der Pflegeversicherung. Sie werden allein vom Arbeitnehmer getragen. Insgesamt mindern die Sozialabgaben das zur Verfügung stehende Gehalt um knapp 21 Prozent.

Experten warnen davor, dass diese Werte in den nächsten Jahren steigen könnten. Wegen des demografischen Wandels drohen die Ausgaben für Gesundheit und Rente der Sozialkassen in die Höhe zu klettern. Damit besteht nicht nur die Gefahr, dass Beschäftigte einen immer größeren Teil ihres Gehalts abgeben müssen. Da der Arbeitgeber die Hälfte zahlt, steigen auch dessen Kosten. Die Befürchtung: Arbeit in Deutschland wird teurer, die Wettbewerbsfähigkeit des Standorts leidet.

Das Netto optimieren

Jeder Arbeitnehmer sollte diese beiden Begriffe kennen: brutto und netto. Das Bruttogehalt ist das Gehalt vor den Abzügen für Steuern und Sozialversicherung, das Nettogehalt ist der Betrag, der tatsächlich auf das Konto überwiesen wird. Es gibt eine einfache Eselsbrücke, um sich den Unterschied zu merken: „brutto = **b**evor Abzüge, netto = **n**ach Abzüge“. Eine andere Merkhilfe lautet: „Brutto" hat einen Buchstaben mehr als „netto", genauso wie das Bruttogehalt höher ist als das Nettogehalt.

Beschäftigte haben verschiedene Optionen, um ihr Monatsnetto zu optimieren. Eine Möglichkeit ist der Wechsel der Steuerklasse. Für Paare kann sich die Wahl der Steuerklassen-Kombination 3/5 lohnen, vor allem, wenn sie unterschiedlich viel verdienen. Das Nachdenken über einen Wechsel lohnt sich besonders, wenn ein Kinderwunsch besteht. Denn für die Berechnung von Lohnersatzleistungen wie dem Elterngeld oder auch dem Arbeitslosengeld ist das monatliche Netto-Einkommen entscheidend. Für denjenigen, der den überwiegenden Betreuungsteil nach der Geburt übernimmt und deshalb beruflich kürzertritt, kann es daher empfehlenswert sein, in der für die Berechnung des späteren Elterngeldes maßgeblichen Zeit die günstigere Steuerklasse 3 zu wählen. Für den Wechsel der Steuerklasse ist ein Antrag beim Finanzamt nötig, entweder online mit Elster oder per Formular. Ein Wechsel ist auch mehrfach im Jahr möglich. Die Änderung greift mit Beginn des neuen Monats nach der Antragsstellung.

Eine andere Möglichkeit für mehr netto sind Freibeträge. Arbeitnehmer können dafür beim Finanzamt einen „Antrag auf Lohnsteuerermäßigung" stellen. Relevant sind hierfür beispielsweise der Weg zur Arbeit, das Homeoffice oder Sonderausgaben wie Schulgeld. Auf diese Weise müssen Arbeitnehmer nicht bis zur Bearbeitung der Steuererklärung warten. Sie behalten am Monatsende anteilig das Geld ein, das sie sonst erst mit der Steuerrückerstattung bekommen würden. Die Lohnsteuer sinkt, das monatliche Netto steigt, Für zahlreiche Ausgaben trägt das Finanzamt aber nur dann einen Freibetrag ein, wenn sich die Summe auf mindestens 600 Euro im Jahr beläuft.

Ein dritter Weg, damit am Monatsende mehr vom Gehalt übrig bleibt, ist, nach Einsparmöglichkeiten bei der gesetzlichen Krankenversicherung zu suchen. Zwar ist der Grundbetrag für alle Kassen gleich. Unterschiede kann es aber bei einigen Leistungen und dem erhobenen Zusatzbeitrag geben. Wer hier vergleicht, kann unter Umständen sparen. Bei der Recherche hilft der Krankenkassenvergleich von Stiftung Warentest unter der Adresse test.de/krankenkassenvergleich. Ein Wechsel der Krankenkasse ist normalerweise nach zwölf Monaten Mitgliedschaft möglich. Eine Anmeldung bei der neuen Kasse reicht aus. Die neue Kasse übernimmt dann die Wechselformalitäten und auch die Kündigung bei der alten Kasse. In manchen Fällen wie zum Beispiel einem Jobwechsel gibt es Ausnahmen von der zwölfmonatigen Bindungsfrist. Dann ist ein Wechsel auch früher möglich.

Wofür der Staat das Geld ausgibt

Die Lohn- und Einkommensteuer ist die wichtigste Steuerquelle für den Staat. Insgesamt nahm er damit im Jahr 2024 rund 322 Milliarden Euro ein. Auf Platz zwei folgte die Umsatzsteuer mit insgesamt rund 299 Milliarden Euro.

Wer etwas in die Steuerstatistik hineinzoomt, entdeckt einige interessante Zahlen:

→ **Einkommensmillionäre:** Im Jahr 2021 – neuere Zahlen liegen noch nicht vor – gab es in Deutschland rund 34500 Einkommensmillionäre. Das waren 18 Prozent mehr als im Jahr davor. Im Schnitt betrug deren Jahreseinkommen rund 2,8 Millionen Euro. Die meisten Einkommensmillionäre lebten in Nordrhein-Westfalen, gefolgt von Bayern und Baden-Württemberg.

→ **Billionen-Summe:** Insgesamt erzielten die 43,3 Millionen Steuerpflichtigen im Jahr 2021 Einkünfte in Höhe von zwei Billionen Euro.

→ **Reichensteuer:** Rund 134200 Steuerpflichtige verdienten 2021 mehr als 274613 Euro (beziehungsweise mehr als 549226 Euro bei gemeinsam veranlagten Personen) und zahlten den Reichensteuersatz von 45 Prozent.

Sehr aufschlussreich ist auch der Blick auf die Verteilung des Steueraufkommens. Die oberen zehn Prozent der Lohn- und Einkommensteuerpflichtigen – gemessen an der Höhe der Einkünfte – haben einen Anteil von 38 Prozent am zu versteuernden Einkommen. Auf sie entfallen aber rund 56 Prozent des gesamten Lohn- und Einkommensteueraufkommens. Die unteren 50 Prozent hingegen haben einen Anteil am zu versteuernden Einkommen von rund 17 Prozent, aber nur einen Anteil von 6,5 Prozent an der Lohn- und Einkommenssteuer.

An diesen Zahlen ist die Wirkung des progressiven Steuertarifs in Deutschland gut zu erkennen: Die Besserverdienenden tragen überproportional zum Steueraufkommen bei. Sie werden stärker belastet als diejenigen, die wenig verdienen. Dieser hohe Anteil am Steueraufkommen ist ein häufig zu hörendes Argument gegen Forderungen, die Reichen für mehr Gerechtigkeit und weniger Ungleichheit stärker zu besteuern. Sie schultern schon einen Großteil der Last, so die Argumentation der Kritiker solcher Steuererhöhungen.

Über die Lohn- und Einkommenssteuer und die anderen Steuerarten nahm der Staat insgesamt im Jahr 2024 rund 950 Milliarden Euro ein. Das war ein Anstieg von 3,5 Prozent gegenüber dem Vorjahr. Dem Bund standen davon rund 40 Prozent zu, den Ländern rund 42 Prozent und den Gemeinden knapp 15 Prozent. An die EU floss ebenfalls Geld. Dorthin gingen gut drei Prozent der Steuereinnahmen. Auch für die kommenden Jahre wird mit steigenden Einnahmen gerechnet. So dürften im Jahr 2026 die Steuereinnahmen zum ersten Mal die Grenze von einer Billion Euro überschreiten.

Mit den steigenden Einnahmen ist der Staat über die Jahre zu einem immer wichtigeren Wirtschaftsakteur geworden. Die sogenannte Staatsquote liegt bei knapp 50 Prozent des Bruttoinlandsprodukts. Als Staatsquote oder auch Staatsausgabenquote wird das Verhältnis zwischen dem Geld, das ein Staat ausgibt, und der Wirtschaftsleistung des Landes bezeichnet. In den 1960er-Jahren lag dieser Wert in Deutschland noch bei knapp über 30 Prozent.

Größter Ausgabenposten des Bundes war im Jahr 2024 der Haushalt des Bundesministeriums für Arbeit und Soziales. Der Etat lag bei fast 176 Milliarden Euro, das entsprach knapp 37 Prozent des Bundeshaushalts, der insgesamt ein Volumen von rund 477 Milliarden Euro hatte. Die Zuschüsse an die Rentenversicherung machten mit rund 127 Milliarden Euro den Großteil der Ausgaben des Ministeriums aus. Danach folgten mit deutlichem Abstand der Etat des Bundesverteidigungsministeriums und der des Bundesministeriums für Digitales und Verkehr. Die beiden Ministerien gaben 52 Milliarden Euro beziehungsweise 44 Milliarden Euro aus.

Auf Platz vier folgte der Posten Bundesschuld. Den Löwenanteil machten hier die Zinszahlungen in Höhe von 37 Milliarden Euro aus. Das war in etwa so viel wie die Etats des Gesundheitsministeriums und des Bildungsministeriums zusammen. Die wachsenden Zinsausgaben sind Ausdruck der steigenden Verschuldung, denn obwohl die Steuereinnahmen steigen, steigen die Ausgaben stärker.

13

Wie werde ich finanziell frei?

Nur noch arbeiten, weil man will, und nicht mehr, weil man muss – viele Menschen haben diesen Traum. Bücher über den Aufbau von passivem Einkommen und selbst ernannte Finanzcoaches werben damit, diesen Wunsch von der finanziellen Freiheit Wirklichkeit werden zu lassen. Unmöglich ist es nicht: Knapp 900 000 Personen lebten nach Angaben des Statistischen Bundesamtes im Jahr 2024 von ihrem Vermögen, also etwas mehr als ein Prozent der Bevölkerung. Im Jahr 2021 lag die Zahl noch bei rund 800 000 Personen. Aus den Daten geht allerdings nicht genau hervor, was die Quelle des Vermögens ist, die das arbeitsfreie Leben ermöglicht. Erbschaften könnten also eine wichtige Rolle spielen. Das bedeutet: Wer nicht aus einer reichen Familie stammt, hat in aller Regel einen harten Weg vor sich, bis sie oder er vom eigenen Vermögen leben kann.

Beim passiven Einkommen ist im Gegensatz zum aktiven Einkommen keine regelmäßige Gegenleistung in Form von Erwerbsarbeit nötig. Das Geld kommt, ohne dass man etwas dafür tun muss. Es gibt verschiedene Quellen für ein solches passives Einkommen, beispielsweise Einnahmen aus der Vermietung von Immobilien, aus Dividenden, Tantiemen oder auch Vermögen aus Erbschaften und Verkäufen, das verzehrt wird. Ganz auf Arbeit verzichten kann man je nach Quelle zwar nicht, ohne zu riskieren, dass die Einnahmen versiegen. Auch die Verwaltung des eigenen Vermögens kann Arbeit mit sich bringen, und wer Immobilien besitzt, muss trotz Hausverwaltung ab und zu mal nach dem Rechten sehen. Auch die Einnahmen aus Werbung und Kooperationen, von denen so mancher Influencer lebt, sprudeln nicht einfach so. Die Social-Media-Kanäle wollen gefüttert werden, sonst ist irgendwann Schluss. Trotzdem: Einkommen und Arbeitszeit sind entkoppelt. Das Geld fließt, auch wenn man mal für längere Zeit nichts tut.

Wer kein begnadeter Influencer, Unternehmer oder Erbe eines großen Vermögens ist, dem bleiben zumindest auf dem Papier von den verschiedenen Möglichkeiten vor allem zwei Wege, um dem Ziel der finanziellen Freiheit näher zu kommen: Immobilien und Aktien. Beide tauchen in den einschlägigen Ratgebern als probate Ertragsbringer für den Aufbau von passivem Einkommen auf, die praktisch jedem offenstehen, der sich nur genügend anstrengt. Aber ist das realistisch?

Mit Immobilien passives Einkommen aufbauen

„Miete zahlt Kredit ab“ – so lautet die Formel bei Immobilien, um das Ziel der finanziellen Freiheit zu erreichen. Der Weg dorthin beginnt mit dem Kauf der ersten Immobilie. Wer um die 20 000 Euro Eigenkapital angespart hat, kann je nach Bonität, Bank und wirtschaftlicher Lage auf einen Kredit zwischen 100 000 bis 200 000 Euro hoffen. Für eine solche Summe bekommt ein Käufer in vielen Städten eine kleine Immobilie mit ein bis zwei Zimmern.

Im günstigsten Fall sind die Mieteinnahmen so hoch, dass davon der Kredit getilgt werden kann und danach noch etwas übrig bleibt. In zehn Jahren kann die Wohnung steuerfrei verkauft werden. Oder aber man hält sie weiter, bis sie abbezahlt ist. Die Mieteinnahmen stehen dann – abzüglich Posten wie Rücklagen – als passives Einkommen dem Käufer komplett zur Verfügung.

Doch so einfach ist das nicht. Man braucht einen langen Atem und viel Geduld bis zum Tag, an dem die Immobilie tatsächlich weitgehend schuldenfrei ist. Bis dahin kann viel passieren. Steigende Zinsen können eine Kalkulation zunichtemachen und die Refinanzierung des Kredits deutlich teurer werden lassen als gedacht. Erhoffte Mieteinnahmen können wegen Leerstands ausbleiben. In diesen Monaten muss ein Käufer dann die Tilgung des Kredits aus seinen Reserven zahlen. Teure Renovierungen und Reparaturen können an den Rücklagen nagen und müssen eingeplant werden.

Die starke Preisentwicklung in den letzten Jahren lässt dabei in Vergessenheit geraten, dass Immobilien lange Zeit keine guten Anlageobjekte waren. Die Rendite war äußerst niedrig. Zwischen 1983 und 2012 war die Wertsteigerung sogar geringer als die Inflationsrate, wie Daten der Bank für Internationalen Zahlungsausgleich zeigen. Der Immobilienmarkt in Deutschland ist streng reguliert. Mieterhöhungen, um die Rendite zu steigern, sind nur schwer durchsetzbar.

Dazu kommt: Passende Objekte sind nicht leicht zu finden, die Suche ist mitunter zeitaufwendig. Die besten Immobilien tauchen meist nicht in den einschlägigen Portalen im Internet auf, sondern werden von Investorinnen und Investoren schon vorher über Tipps und Netzwerke gekauft. Man muss sich gut auskennen, um abschätzen zu können, ob sich die angebotene Immobilie wirklich rechnet oder nicht. In welchem Zustand ist die Wohnung? Welche Miete ist möglich? Wie werden sich die Immobilienpreise entwickeln – allgemein und speziell in dieser Gegend? Ist das Viertel aufstrebend oder in einigen Jahren womöglich nicht mehr so gefragt? Solche Fragen müssen vor dem Kauf gründlich abwogen werden.

Und wer tatsächlich ein nennenswertes passives Einkommen aufbauen will, braucht nicht nur eine Immobilie, sondern mehrere. Das bedeutet: Auch wenn es noch weitere Strategien wie Nachbeleihung gibt, wo der gestiegene Wert einer Immobilie für einen weiteren Kredit genutzt wird, ist nach dem Erwerb der ersten Immobilie oft Sparen angesagt, damit sich das nötige Eigenkapital für weitere Käufe bilden kann. Das erfordert Disziplin und bedeutet die ein oder andere Einschränkung. Zu bedenken ist dabei das große Klumpenrisiko, das man mit der Investition eingeht, nicht nur in Relation zum Gesamtvermögen, sondern auch damit, dass man sein Geld vor allem in einer Assetklasse anlegt. Ein Selbstläufer ist die Strategie also nicht.

Dividenden als Einkommensquelle

Bei Aktien gehören Dividenden-Strategien zu den beliebten Empfehlungen, um passives Einkommen aufzubauen. Mit Dividenden beteiligen börsennotierte Unternehmen ihre Aktionäre am Gewinn. Mit Präsentation des Jahresberichts macht der Vorstand in aller Regel einen Vorschlag zur Höhe der Ausschüttung. Auf der Hauptversammlung wird darüber abgestimmt. Die Zahlung erfolgt dann wenige Tage später.

Es sind gewaltige Summen, die dabei jedes Jahr ausgeschüttet werden. Allein die DAX-Unternehmen zahlten für das Geschäftsjahr 2024 rund 54 Milliarden Euro an ihre Aktionäre aus. Um einen Teil davon abzukriegen, muss man nicht viel tun. Es reicht, Aktien der Unternehmen zu besitzen, die ausschütten. Für jede Aktie erhält man die beschlossene Dividende. Liegt sie bei 3,50 Euro je Aktie, bekommt ein Anleger mit drei Anteilsscheinen des Unternehmens 10,50 Euro überwiesen.

Auch diese Strategie für passives Einkommen klingt einfach. Ohne viel Arbeit kommt regelmäßig die Dividende aufs Konto. Doch auch sie hat ihre Tücken und Fallstricke, wenn das Ziel die finanzielle Freiheit ist. Unternehmen sind nicht verpflichtet, eine Dividende zu zahlen. Sie kann höher oder niedriger sein und auch mal ganz ausfallen, wenn zum Beispiel das Unternehmen einen Verlust macht oder den Gewinn für andere Zwecke wie Übernahmen, Investitionen oder Schuldenabbau verwenden will. Dividenden-Einnahmen sind also alles andere als planbar.

Ein anderes Problem ist die Auswahl der richtigen Aktien. Wer eine Dividenden-Strategie verfolgt, ist versucht, vor allem Papiere von Unternehmen mit einer hohen Ausschüttung im Verhältnis zum Aktienpreis zu kaufen. Die Dividenden-Rendite ist auf fast jedem Börsenportal leicht zu finden. Eine hohe Dividenden-Rendite kann jedoch trügerisch sein: Womöglich ist sie so hoch, weil Investoren nicht von den Zukunftsaussichten des Unternehmens überzeugt sind und deshalb die Aktie meiden, der Kurs also entsprechend niedrig ist.

Ohne eine gute unternehmerische Perspektive wird die Dividenden-Ausschüttung mit der Zeit zum Verlustgeschäft. Denn nach der Zahlung kommt es zum sogenannten Dividendenabschlag. Das bedeutet: Der Börsenwert fällt um die Höhe der Ausschüttung. Was der Aktionär also durch die Dividende gewinnt, wird ihm durch den Kursverlust in der Gesamtrechnung wieder abgezogen. Kann sich die Aktie nicht vom Abschlag erholen und fällt der Kurs weiter, schmilzt der angelegte Betrag zunehmend zusammen.

Statt auf die Dividenden-Rendite sollten Anleger daher darauf achten, dass das Unternehmen ein verlässlicher Dividenden-Zahler ist. Möglichst kontinuierlich steigende Ausschüttungen können langfristig vielversprechender sein als eine hohe Dividenden-Rendite beim Kauf.

Mit einem Investment in einen Dividenden-Fonds oder Dividenden-ETF ließe sich das Problem der richtigen Aktienauswahl zwar abmildern, weil man direkt in eine Vielzahl von Titeln investiert und damit das Risiko gestreut wird. Aber ein anderer Nachteil bleibt: In der Ansparphase führt der regelmäßige Abfluss der Dividenden dazu, dass sich die angelegte Summe verringert. Das schmälert den Zinseszinseffekt (siehe „Wie vermehre ich mein Geld?", S. 111) und hemmt den Vermögensaufbau.

Von regelmäßigen Entnahmen leben

Es gibt neben Dividenden noch einen anderen Weg, um über die Börse das Ziel der finanziellen Freiheit zu erreichen. Sind die Entnahmen aus einem Portfolio mit Bedacht gewählt, schmilzt der angelegte Betrag nur sehr langsam oder vermehrt sich trotzdem noch. Das angesparte Vermögen reicht damit für viele Jahre. Im Internet ist in diesem Zusammenhang oft von der Vier-Prozent-Regel die Rede. Sie besagt, dass man bei einem diversifizierten und ausgewogenen Depot aus Aktien und Anleihen jährlich vier Prozent des Anfangsvermögens entnehmen kann und das Geld für 30 Jahre reicht. Die Experten von Stiftung Warentest haben die Regel überprüft. Das Ergebnis: Sie ist eine gute Orientierung.

Als Basis der Analyse diente das von der Stiftung Warentest entwickelte Pantoffelportfolio (ausführliche Informationen unter test.de/pantoffel-portfolio). Das Portfolio kombiniert für den Vermögensaufbau einen Sicherheitsbaustein mit einem Renditebaustein in drei verschiedenen Gewichtungen: defensiv, offensiv und ausgewogen. Für die Analyse wurden die Berechnungen mit einem ausgewogenen Pantoffelportfolio durchgeführt mit Tagesgeld als Sicherheitsbaustein und einem breit gestreuten Welt-Aktien-ETF im Renditebaustein. Dieses Depot testeten die Experten für einen rollierenden 30-Jahreszeitraum mit Beginn 1970, das heißt, ab 1970 wurde jeden Monat ein 30-Jahreszeitraum gestartet. Auf diese Weise berechneten die Experten für insgesamt 289 Zeiträume, wie hoch die monatliche Rente sein dürfte, wenn das Vermögen über 30 Jahre reichen soll und man die Entnahme aus dem Depot jeweils an die Inflation des Vormonats anpasst. Das Ergebnis: Sogar eine Entnahme von 4,3 Prozent wäre auf Basis der historischen Daten in der Vergangenheit möglich gewesen, selbst im Zeitraum mit der ungünstigsten Zins- und Kursentwicklung, ohne dass das angesparte Kapital vor Ablauf der 30 Jahre aufgezehrt gewesen wäre. Bei einem Vermögen von 100 000 Euro hätte das einer monatlichen Entnahme von 357 Euro in Jahr eins entsprochen. Nach 30 Jahren hätte der Betrag mit Inflationsanpassungen bei 977 Euro gelegen.

Ohne die schlechtesten zehn Prozent der betrachteten Anlagezeiträume wäre auch eine Entnahme in Höhe von 4,8 Prozent möglich gewesen, im Durchschnitt sogar 6,2 Prozent. Allerdings hätten dann in der Hälfte der Fälle Entnahmen in dieser Höhe dazu geführt, dass das Geld vor Ablauf der 30 Jahre aufgebraucht gewesen wäre.

Gewaltige Sparanstrengungen sind nötig

Die Beispiele zeigen: Passives Einkommen aufzubauen ist möglich. Aber davon auch leben? Vieles gibt es zu bedenken und zu kalkulieren: Wie lange soll das Geld reichen? Wie viel Geld brauche ich? Schnell wird unterschätzt, dass zum Beispiel die Zuschüsse des Arbeitgebers zur Kranken- und Pflegeversicherung wegfallen, wenn man seinen Job aufgibt. Die Sozialbeiträge müssen dann komplett selbst bezahlt werden. Auch die Inflation kann den Plan von der finanziellen Freiheit zunichtemachen, wenn plötzlich die Preise stärker steigen als gedacht.

Egal ob Immobilie, Dividende oder Entnahmestrategie: Es sind auf jeden Fall große Summen nötig, um den Traum von der finanziellen Freiheit zu verwirklichen. Unterstellt man eine Dividenden-Rendite von drei Prozent, wie sie mit Dividenden-ETF zu erzielen ist, würde ein Depot im Volumen von 300 000 Euro für ein zusätzliches Einkommen von 750 Euro im Monat ausreichen. Steuerabzüge sind dabei noch nicht berücksichtigt. Letztendlich dürfte es kaum genug sein, um davon zu leben. Wer es schafft, eine Million Euro anzusparen, kommt auf 2500 Euro im Monat. Für ein gutes Leben in Deutschland ist es immer noch knapp, aber für andere Länder könnte es schon genug sein.

Im Falle der Entnahmestrategie, die mit regelmäßigen Verkäufen aus dem Depot verbunden ist, würde dank der höheren Auszahlung, die möglich ist, eine etwas niedrigere Summe ausreichen. Mit einem Vermögen von 800 000 Euro und einer Entnahmehöhe von 4,3 Prozent käme man auf rund 2900 Euro passives Einkommen im Monat. Soll das Geld allerdings länger als 30 Jahre reichen, müsste die Quote angepasst werden und die Entnahmesumme niedriger ausfallen. Das nötige Vermögen steigt in diesem Fall.

Es braucht Zeit, Geduld und Disziplin, um solche Summen anzusparen. Um zum Beispiel die eben genannten 800 000 Euro zu erzielen, wäre ein Sparplan in Höhe von fast 1600 Euro im Monat über 20 Jahre nötig. Unterstellt ist dabei eine durchschnittliche Rendite von sieben Prozent, wie sie bei einer Investition in den breiten Aktienmarkt möglich ist.

Auf die Spitze treiben es dabei die sogenannten Frugalisten. Sie versuchen, mit extremer Sparsamkeit das Ziel der finanziellen Freiheit möglichst früh zu erreichen. Eine Sparquote von 70 Prozent ist dabei nicht ungewöhnlich. Jegliche Ausgaben werden hinterfragt. Beliebt ist in Frugalisten-Kreisen zum Beispiel die 752-Regel. Sie ist eine mehr oder weniger exakte Faustformel, um schnell abschätzen zu können, wie viel regelmäßige Ausgaben tatsächlich kosten. Denn das dafür aufgewendete Geld könnte ja alternativ in einem Sparplan investiert werden. Dafür werden regelmäßige wöchentliche Ausgaben zum Beispiel für einen Coffee to go auf dem Weg zur Arbeit mit 752 multipliziert. Das Ergebnis zeigt die Summe, die nach zehn Jahren Anlagedauer bei einer Rendite von sieben Prozent mit dem Geld möglich wäre. Die 752-Regel hat ihre Tücken, weil der erwähnte Kaffee auf dem Weg ins Büro während des Urlaubs zum Beispiel ausfallen dürfte. Sie vermittelt aber zumindest einen Eindruck.

Eine andere Taktik ist, nicht in die Falle der sogenannten Lifestyle-Inflation zu tappen. Damit ist die Tendenz gemeint, mit steigendem Einkommen auch die Ausgaben zu erhöhen: Die Wohnung wird größer, die Urlaubsziele exotischer, die Kleidung modischer. Stattdessen fließen Gehaltserhöhungen in den Sparplan und nicht etwa in mehr Annehmlichkeiten. So steigt die Differenz zwischen Ausgaben und Einnahmen, und die Sparsumme wächst. Das Ziel der finanziellen Freiheit mag so näher rücken. Schnell kann es jedoch passieren, dass die Lebensqualität auf der Strecke bleibt.

Realistischer ist es, passives Einkommen aufzubauen, um dann im Job kürzerzutreten. Mieteinnahmen oder Dividendenzahlungen können das etwas geringere Einkommen bei reduzierter Stundenzahl ganz oder zumindest teilweise ausgleichen. Um dieses Ziel zu erreichen, ist deutlich weniger Geld nötig. Finanziell frei ist man damit nicht. Mehr Zeit zu haben für Dinge neben dem Beruf kann dem Leben aber eine neue Qualität geben.

14

Was kostet ein Kind?

Wenn Eltern sich ein Kind wünschen, denken sie in aller Regel nicht an die Kosten, die in den Jahren nach der Geburt anfallen können. Väter und Mütter denken eher an viele schöne gemeinsame Erlebnisse als Familie. Und das ist gut so. Denn würden sie sich einmal hinsetzen und durchkalkulieren, was ihnen an Ausgaben bevorsteht – manche Paare würden sich vielleicht den Kinderwunsch noch einmal überlegen.

Kinder sind ein echter Kostenfaktor. Nach den zuletzt verfügbaren Daten des Statistischen Bundesamtes aus dem Jahr 2022 liegen die monatlichen Konsumausgaben von Familien rund 660 Euro beziehungsweise fast 20 Prozent höher als die Konsumausgaben von kinderlosen Paaren. Vor allem für Essen und Wohnen müssen Familien deutlich mehr ausgeben. Bereits diese beiden Posten machen allein über 43 Prozent der erhöhten Ausgaben aus.

Dabei unterscheiden die Statistiker allerdings nicht nach der Anzahl der Kinder.

Detaillierter wurden die Ausgaben zuletzt für das Jahr 2018 vom Statistischen Bundesamt untersucht. Über die gesamte Kindheit bis zur Volljährigkeit liegen demnach die Kosten im Schnitt bei 763 Euro pro Monat. Das entspricht rund 21 Prozent der Konsumausgaben der Familie beziehungsweise knapp 15 Prozent des Haushaltsnettoeinkommens. Hat das Paar zwei Kinder, steigt der Anteil an den Konsumausgaben auf rund 33 Prozent. Die Ausgaben für den Nachwuchs belaufen sich auf durchschnittlich 1276 Euro im Monat. Das entspricht gut einem Fünftel des Haushaltsnettoeinkommens.

Dabei wachsen die Kosten mit dem Alter des Kindes: Ist das Kind unter sechs Jahre alt, geben Paare für ihren Sohn oder ihre Tochter im Schnitt 679 Euro im Monat aus. Wächst das Kind heran, sind es 786 Euro (sechs bis zwölf Jahre) und später sogar 953 Euro (zwölf bis 18 Jahre). Dabei steigen im Laufe der Jahre vor allem die Ausgaben für Nahrung (plus 68 Prozent) und Wohnen (plus 63) stark an, die Betreuungskosten gehen dagegen zurück (minus 77 Prozent).

Insgesamt kommt damit bis zur Volljährigkeit des Kindes einiges zusammen. Rechnet man die durchschnittlichen Monatsausgaben bis zum 18. Geburtstag hoch, kostet ein Einzelkind fast 165 000 Euro. Hat die Familie zwei Kinder, müssen die Eltern rund 276 000 Euro aufbringen.

Damit ist es aber noch nicht zu Ende. Entscheidet sich das Kind für ein Studium, steigt die Rechnung weiter. Eine Auswertung des Statistischen Bundesamtes über die Kosten für die Eltern liegt hierzu zwar nicht vor. Aber die sogenannte Düsseldorfer Tabelle, die von Familiengerichten zurate gezogen wird, wenn es bei einer Scheidung um den Unterhalt des Kindes geht, gibt einen Anhaltspunkt. Hier wird eine Summe von 990 Euro im Monat angesetzt, die Studierenden als Unterhalt zusteht. Bei einem dreijährigen Bachelorstudium belaufen sich die Kosten also auf rund 36 000 Euro pro Kind.

Alles addiert sehen sich Eltern damit Ausgaben in Höhe von über 200 000 Euro gegenüber, wenn sie ihren Sohn oder ihre Tochter von der Geburt bis zum Ende des Bachelorstudiums voll unterstützen.

Das ist viel Geld. Die tatsächliche Summe liegt sogar noch höher. Noch nicht berücksichtigt sind entgangene Einnahmen. Vor allem Mütter reduzieren stark ihre Arbeitszeit oder hören ganz auf zu arbeiten, um sich um ihre Familie kümmern zu können. Die Erwerbstätigenquote von Müttern mit Kindern unter drei Jahren liegt bei nur 40 Prozent, die Teilzeitquote bei 50 Prozent. Kinder verursachen hier also noch einmal indirekte Kosten.

Die finanziellen Folgen gehen über die Höhe des Einkommens hinaus. Denn wer weniger verdient, sammelt weniger Entgeltpunkte auf dem Rentenkonto. Das hat Folgen für den Ruhestand, weil die Zahl der Entgeltpunkte ein wesentlicher Faktor ist, der über die Höhe der Rente entscheidet (siehe „Wie groß ist die Gefahr von Altersarmut?“, S. 204). Spiegelbildlich zu ihrer geringeren Arbeitszeit erhalten Frauen daher deutlich weniger im Alter als Männer: Der sogenannte Gender Pension Gap liegt bei fast 40 Prozent.

Wie der Staat Eltern hilft

Zur Gesamtrechnung gehört aber auch, dass Eltern vom Staat unterstützt werden. Familien erhalten pro Kind 255 Euro im Monat als Kindergeld (Stand 2025). Alternativ haben Eltern einen Kinderfreibetrag, der bei der Steuererklärung berücksichtigt wird. Das Finanzamt prüft, was für die Eltern günstiger ist, der Freibetrag oder das ausbezahlte Kindergeld.

Das Kindergeld ist inzwischen unabhängig von der Anzahl der Kinder. Für jedes Kind ist es gleich hoch. Die Hilfe endet grundsätzlich mit dem 18. Geburtstag. Macht das Kind eine Ausbildung oder nimmt es ein Studium auf, kann das Kindergeld noch bis zum 25. Geburtstag gezahlt werden. Künftige Steigerungen unberücksichtigt, erhalten Eltern damit bis zu 76 500 Euro an Unterstützung über das Kindergeld. Ungefähr ein Drittel der Kosten, die bei Eltern im Laufe der Jahre bis zum Studienabschluss auflaufen, übernimmt damit der Staat.

In den Jahren nach der Geburt hilft der Staat Eltern – außer, das zu versteuernden Einkommen liegt höher als 175 000 Euro – mit dem Elterngeld. Es wurde 2007 als Ersatz für das Erziehungsgeld eingeführt. Ziel der Reform war es damals, dass auch Männer sich mehr in den ersten Lebensjahren einbringen. Das Elterngeld soll einen Teil des Verdienstausfalls kompensieren, der entsteht, wenn die Mutter oder der Vater in den ersten Lebensjahren des Kindes weniger arbeitet oder ganz aufhört, um mehr Zeit für den Nachwuchs zu haben. Das Elterngeld gibt es in zwei Varianten:

→ Das **Basiselterngeld** beträgt vereinfacht gesagt 65 Prozent des Nettoeinkommens, das im Schnitt in den zwölf Monaten vor der Geburt verdient wurde. Maximal liegt die Summe bei 1800 Euro. Mindestens sind es 300 Euro. Es wird für maximal 14 Monate gezahlt.

→ Das **ElterngeldPlus** ist halb so hoch wie das Basiselterngeld. Dafür wird es bis zu 28 Monate gezahlt. Es ist vor allem für Eltern interessant, die nicht ganz aufhören wollen zu arbeiten. Von den rund 1,7 Millionen Frauen und Männern, die im Jahr 2024 Elterngeld bezogen, wählten etwas mehr als ein Drittel diese Variante. Die Tendenz ist steigend.

Bei der Rente wiederum gleicht der Staat einen Teil der Einbußen durch die Kinderbetreuung mit Bonuspunkten für das Rentenkonto aus. Auch wenn die Mutter oder der Vater nicht arbeitet, wird so getan, als hätte sie oder er in dieser Zeit ein Durchschnittseinkommen verdient. Dem Rentenkonto werden Kindererziehungszeiten gutgeschrieben. Umgerechnet wandern über die sogenannte Mütterrente für Kinder, die nach 1992 geboren wurden, jeweils bis zu drei Entgeltpunkte auf das Rentenkonto. Damit dieser Zuschlag bei der Berechnung der Rente berücksichtigt wird, müssen Eltern die Anrechnung der Erziehungszeiten beantragen und dabei angeben, wem die Rentenversicherung die Punkte gutschreiben soll, der Mutter oder dem Vater. Angenommen, die Erziehungszeiten für ein Kind werden komplett der Mutter angerechnet, erhöht sich damit ihre monatliche Rente auf Basis des aktuellen Rentenwerts (40,79 Euro, Stand 2025) um 122,37 Euro.

Für die einzelne Familie decken diese Leistungen und andere Unterstützungen wie zum Beispiel die Absetzbarkeit von Betreuungskosten bis zu einer Höhe von 4000 Euro nur einen Teil der Ausgaben ab, die ein Kind mit sich bringt. Die Summe der Kosten ist allerdings gewaltig. Allein das Kindergeld kostet den Staat jedes Jahr Milliardensummen. Im Jahr 2023 waren es rund 54 Milliarden Euro. Die Ausgaben fürs Elterngeld liegen bei über acht Milliarden Euro. Insgesamt gab der Bund im Jahr 2025 rund 100 Milliarden Euro für familienpolitische Leistungen aus.

Kinderlose könnten in Anbetracht dieser Summen fragen, ob das gerecht ist. Klar, Kinder kosten Geld. Aber schließlich haben sich die Eltern meist freiwillig dafür entschieden. Warum sollte die ganze Gesellschaft für die Erfüllung des Familienwunsches zahlen? Ist das Familienglück nicht Ausgleich genug, und sind Kinder nicht ein „Privatvergnügen“? So könnte man provokant gegen die Hilfen für Familien mit Kindern argumentieren.

Tatsächlich könnten sich die Familien mit Kindern genauso beschweren, beispielsweise darüber, dass die Unterstützung bei Weitem nicht hoch genug ist. So war im Jahr 2023 fast jedes vierte Kind von Armut oder sozialer Ausgrenzung bedroht. Besonders hoch ist die Armutsgefährdung bei Alleinerziehenden. Laut einer Studie der Bertelsmann Stiftung aus dem Jahr 2024 sind vier von zehn alleinerziehenden Familien in Deutschland armutsgefährdet.

Seit Jahren sinkt in Deutschland die Geburtenrate. Ein Grund dafür mag das Armutsrisiko sein. Für anderen Paaren sind es persönliche und ideelle Gründe oder die schlechte Betreuungssituation, die sie dazu veranlassen, keine Kinder in die Welt zu setzen. Die Zahlen sprechen für sich. Zuletzt lag die Geburtenrate in Deutschland bei 1,35 Kindern pro Frau (Stand 2024). Die Zahl der Todesfälle übersteigt seit den 1970er-Jahren die Zahl der Geburten. Die Bevölkerung in Deutschland würde damit schrumpfen – wenn Zuwanderung nicht den negativen Saldo bisher ausgleichen würde.

Die Folgen einer sinkenden Geburtenrate

Kinder sind ein wichtiger ökonomischer Faktor für die Wirtschaft und den Sozialstaat. Deutschland, aber auch andere Länder erleben gerade, was es heißt, wenn zu wenige Kinder geboren werden. Der demografische Wandel ist in vollem Gange und kostet richtig Geld.

Deutlich wird das bei der Rente. Das Rentensystem basiert auf dem Umlageverfahren. Jeden Monat sammelt die Rentenversicherung über die Beiträge der arbeitenden Bevölkerung Geld ein und zahlt es dann an die Rentnerinnen und Rentner aus. Eine Generation sorgt für die andere („Generationenvertrag"). Damit das System gut funktioniert, müssen genügend Beitragszahler nachkommen. Die

Belastung über die Beiträge ist umso geringer, auf je mehr Schultern sie verteilt werden kann. Richtig verstanden, bedeutet der Gedanke des Generationenvertrags daher, dass sich die Beitragszahler von heute nicht nur um die Beitragszahler von gestern kümmern, sondern auch dafür sorgen, dass es morgen genügend Beitragszahler gibt.

Der einstige Bundeskanzler Konrad Adenauer, während dessen Amtszeit das heutige Rentensystem eingeführt wurde, machte sich darum keine großen Sorgen. „Kinder kriegen die Leute immer", soll er gesagt haben. Nun zeigt sich: Zwar kriegen die Leute weiterhin Kinder, nur sind es zu wenige. Das Verhältnis Beitragszahler – Rentner verschlechtert sich. In den 1960er-Jahren versorgten sechs Beitragszahler einen Rentner, bald werden es nur noch zwei sein.

Verschärft wird das Problem durch die steigende Lebenserwartung. Immer weniger Beitragszahler müssen immer mehr Rentner immer länger versorgen. Die Politik steht hier vor harten Entscheidungen, wenn sie die Rentenversicherung nicht mit immer höheren Steuerzuschüssen unterstützen will: länger arbeiten, geringere Renten oder steigende Beiträge. Auch die gesetzliche Kranken- und Pflegeversicherung wird durch den demografischen Wandel vor große Herausforderungen gestellt.

Familien zu unterstützen ist daher gut investiertes Geld. Martin Werding, Professor für Sozialpolitik und öffentliche Finanzen, schätzte einmal in einer Studie für die Bertelsmann Stiftung, dass jedes Kind dem Rentenversicherungssystem rund 160 000 Euro mehr einbringt, als es an Rente kostet.

Die Wirtschaft bekommt ebenfalls die Folgen des Geburtenrückgangs zu spüren. Der Fachkräftemangel ist schon jetzt ein riesiges Problem und wird sich in vielen Engpassberufen in den nächsten Jahren noch verschärften: Knapp 40 Prozent der Lkw-Fahrer sind älter als 55 Jahre. Im Maurerhandwerk sind es 30 Prozent, genauso wie im Metallbau, wie Zahlen des Statistischen Bundesamtes für Berufe zeigen, in denen laut Bundesagentur für Arbeit ein besonderer Fachkräftemangel herrscht. Die große Frage ist: Wer wird diese Leute ersetzen, wenn sie in Rente gehen? Prognosen sagen eine sinkende Erwerbsbevölkerung voraus. Weniger Erwerbstätige, also weniger Produzenten von Gütern und Dienstleistungen, bedeutet außerdem, dass das Bruttoinlandsprodukt (BIP), das als wichtiges Maß für den Wohlstand gilt, bei gleicher Produktivität sinken wird. Wenn es der Politik und den Unternehmen nicht gelingt, die Produktivität deutlich zu steigern oder die Erwerbsquote zu erhöhen, wird das Wirtschaftswachstum leiden.

Es gibt also gute Gründe dafür, dass der Staat Milliarden ausgibt und Familien mit den Kosten für Kinder nicht allein lässt. Angst vor Nachteilen und Armut sollte dem Kinderwunsch nicht im Wege stehen. Kinder tragen nicht nur zum individuellen Glück bei, sondern sind auch wichtig für die Gesellschaft.

15

Wo ist mein Geld sicher?

Alle sechs Minuten wird in Deutschland statistisch gesehen eingebrochen. Im Jahr 2024 gab es über 90 000 Einbrüche. Größere Mengen Geld zu Hause aufzubewahren ist also keine gute Idee – auch wenn sich im Internet allerlei kuriose Tipps für angeblich sichere Verstecke finden lassen. Da ist zum Beispiel davon zu lesen, dass man sein Geld in einer Plastiktüte gut verschließt und dann in Suppe einfrieren soll. Oder dass sich leere Müslipackungen im Vorratsschrank gut als Versteck eignen. Originell, aber auch sehr unpraktisch. Ein Tresor kommt da noch eher infrage, wenn er von hoher Qualität ist. Aber auch davon lassen sich Diebe nicht unbedingt ausbremsen.

Deutlich einfacher und günstiger ist es, sein Geld zur Bank zu bringen. Auf dem Konto ist es nicht nur vor Dieben gut geschützt, es ist auch schnell verfügbar und kann sogar Zinsen einbringen.

Dafür lauert beim Bankkonto ein anderes Risiko. Was man als Kunde nicht unbedingt weiß: Mit einer Einzahlung aufs Konto wird man zum Gläubiger der Bank. Man leiht der Bank also Geld, mit dem sie dann arbeitet und zum Beispiel Kredite vergibt (siehe „Wie entsteht Geld?“, S. 25). Normalerweise ist das kein Problem, weil die Bank genug Geld für die Abhebungen ihrer Kundinnen und Kunden vorrätig hat. Relevant wird es jedoch, wenn das Institut in Schwierigkeiten gerät. Im Pleitefall ist das Geld auf dem Konto Teil der Insolvenzmasse, und der Kunde kann sich nicht sicher sein, wie viel er von seinem Ersparten wiedersieht. Meist können bei einer Pleite die Forderungen der Gläubiger nur teilweise bedient werden.

Schon der Verdacht einer Schieflage reicht aus, um Kunden aufzuschrecken. Ziehen sie massenhaft ihr Geld in einem „Bank Run“ ab, um es in Sicherheit zu bringen, droht eine sich selbst erfüllende Prophezeiung: Die Bank gerät in Schwierigkeiten, weil jeder fürchtet, dass sie in Schwierigkeiten steckt oder demnächst stecken könnte.

Um das zu verhindern und das Geld der Kunden bei einer Insolvenz zu schützen, gibt es die Einlagensicherung. Sie verspricht, Sparer zu entschädigen. EU-weit gilt ein Schutz für Spareinlagen bis 100 000 Euro pro Bank und Kunde. Unter bestimmten Umständen kann sich dieser Betrag auf 500 000 Euro erhöhen, zum Beispiel, wenn ein Kunde den Erlös aus dem Verkauf einer Privatimmobilie kurz vor der Pleite eingezahlt hat. Die Voraussetzungen wurden 2014 mit der europäischen Einlagensicherungsrichtlinie geschaffen. Sie harmonisiert das Schutzniveau der nationalen Einlagensicherungssysteme.

In Deutschland ist dieser Schutz der Einlagen über verschiedene Einrichtungen umgesetzt, die im Schadensfall greifen. Bei Privatbanken ist für die Abwicklung der Ansprüche im Schadensfall die Entschädigungseinrichtung deutscher Banken (EdB) zuständig. Sie ist eine hundertprozentige Tochter des Bundesverbands deutscher Banken (BdB). Um für den Entschädigungsfall gewappnet zu sein, zahlen die angeschlossenen Institute regelmäßig Beiträge ein, die sich vor allem nach der Höhe der verwahrten Kundeneinlagen richten. Die EdB hilft auch bei ausländischen Banken mit Niederlassung oder Zweigstelle in Deutschland. Daneben gibt es noch die freiwillige Einlagensicherung über den Einlagensicherungsfonds des BdB. Er sorgt dafür, dass bei seinen Mitgliedern deutlich höhere Summen als die 100 000 Euro der EdB geschützt sind. Rund 100 Institute haben sich dem BdB angeschlossen (Stand 2025), Welche Banken dabei sind, können Sie unter einlagensicherungsfonds.de einsehen. Für eine Entschädigung über diese freiwillige Einlagensicherung gibt es allerdings keinen gesetzlichen Rechtsanspruch.

Im Falle einer Pleite werden Anlegerinnen und Anleger also von zwei Seiten entschädigt: Zunächst ersetzt die EdB Guthaben bis 100 000 Euro und anschließend der Fonds des BdB die Summe, die darüber hinausgeht. Dieser Fonds zahlt aber nicht unbegrenzt. Ursprünglich waren bis zu fünf Millionen Euro pro Sparer hierüber abgesichert. Zum Jahreswechsel 2025 sank die Summe allerdings auf drei Millionen Euro – und der Schutz wird noch weiter zurückgehen: Ab 2030 sind noch eine Million Euro über den Fonds abgesichert.

Die Entschädigung im Sicherungsfall läuft in mehreren Schritten ab: Zunächst muss die Bundesanstalt für Finanzdienstleistungsaufsicht (BaFin) die Insolvenz der Bank feststellen. Sie informiert dann die EdB. Im nächsten Schritt ermittelt die EdB die möglichen Entschädigungsansprüche der Sparerinnen und Sparer. Sie müssen sich also nicht melden. Nach Abschluss der Prüfung werden die Sparenden von der EdB informiert. In dem Schreiben erfahren sie, was sie tun müssen, um die Entschädigung zu erhalten. Sobald die EdB die Informationen hat, wird der Entschädigungsbetrag überwiesen. Laut Einlagensicherungsgesetz dürfen von der Feststellung des Entschädigungsfalls bis zur Rückerstattung nicht mehr als sieben Arbeitstage vergehen. Bei Anlagebeträgen von mehr als 100 000 Euro pro Person arbeiten EdB und der Sicherungsfonds des BdB eng zusammen.

Sparkassen sowie Volks- und Raiffeisenbanken haben ihre eigenen, gesetzlich anerkannten Sicherungssysteme. Hier funktioniert die Absicherung der Einlagen über die Institutssicherung: Wenn ein Institut in Schieflage gerät, helfen die anderen. Die Möglichkeiten sind zahlreich und reichen von Eigenkapitalspritzen bis Fusionen. Ziel ist, dass es nicht zu einer Pleite kommt. Beide Bankengruppen garantieren deshalb nicht nur die gesetzlich vorgeschriebenen 100 000 Euro. Sie versprechen zusätzlich den Schutz der Einlagen in unbegrenzter Höhe.

Solange es nicht zu einer großen Finanz- und Bankenkrise in Deutschland kommt, die auch große Institute in den Abgrund reißt, ist also das Geld auf dem Bankkonto sicher. Seit Gründung der Einlagensicherung wurden bei allen Bankpleiten die vorgeschriebenen Entschädigungssummen gezahlt. Im Falle einer größeren Krise würde möglicherweise auch der Staat einspringen und Institute stützen, wie es auch nach der Lehman-Pleite der Fall war, als deren Auswirkungen auch Deutschland erfassten. Wer das Risiko noch weiter mindern will, verteilt sein Erspartes auf verschiedene Banken und überschreitet bei keiner die über über die gesetzliche Einlagensicherung geschützte Summe.

Geld bei ausländischen Banken anlegen

Genauer hinsehen sollten Kunden, wenn sie ihr Geld bei ausländischen Banken anlegen. Immer wieder locken solche Banken mit guten Zinsangeboten. Wie die Kundeneinlagen im Ernstfall geschützt sind, kann sich aber deutlich von der Einlagensicherung in Deutschland unterscheiden. Es besteht die Gefahr, dass die Kunden im Insolvenzfall nicht ihr ganzes Geld wiedersehen.

Kunden sollten deshalb beachten: Für Banken aus EU-Staaten und Norwegen gilt zwar die gesetzliche Einlagensicherung in Höhe von 100 000 Euro pro Anleger und Bank. Empfehlenswert sind aus Sicht der Finanzexperten der Stiftung Warentest aber nur solche Banken, die ihren Sitz in den wirtschaftlich starken Ländern haben. Das minimiert die Gefahr, dass Staaten im Extremfall die Sparer nicht entschädigen können. Denn auch wenn die Einlagensicherungsrichtlinie für alle Länder der EU gilt, bezweifeln die Experten der Stiftung Warentest, dass die Einlagensicherungstöpfe in Ländern, deren Wirtschaftskraft von großen Ratingagenturen schwächer bewertet wird, gut genug gefüllt sind, um Sparer nach einer größeren Bankpleite zeitnah entschädigen können. So mussten Kunden nach der Pleite der bulgarischen Corpbank im Jahr 2014 ein halbes Jahr bangen, bevor es mit der Entschädigung losging. Zu den empfohlenen Ländern zählen Großbritannien, Irland, die Niederlande, Luxemburg, die Schweiz, Österreich, Tschechien sowie Dänemark, Schweden, Norwegen und Finnland. Vorsichtiger sollten Kunden dagegen bei Banken aus hoch verschuldeten und osteuropäischen Ländern sein. Nicht empfehlenswert aus Sicht der Finanzexperten der Stiftung Warentest sind zum Beispiel Spanien, Griechenland oder Polen, aber auch Frankreich und Belgien (Stand Oktober 2025).

Beachten sollten Anleger neben dem Schutz ihrer Einlagen auch noch einen anderen Punkt, wenn sie sich für eine Bank außerhalb des Euro-Raums entscheiden: Legen sie ihr Geld in einer Fremdwährung an, lassen sie sich auf ein Währungsrisiko ein. Wertet die Währung gegenüber dem Euro ab, kann das den Zinsvorteil, den eine ausländische Bank gegenüber einem hiesigen Institut bietet, deutlich absenken. Bei einem sehr starken Wertverlust der Währung können Anleger unter Umständen weniger zurückerhalten, als sie eingezahlt haben.

Sicherheit abseits der Banken

Erspartes bis 100 000 Euro genießt höchsten Schutz. Doch was ist mit Beträgen, die darüber hinausgehen? Wer sehr große Summen auf dem Konto hat, könnte Zweifel haben, ob sie im Ernstfall wirklich durch private Institutionen abgesichert sind. Es besteht schließlich kein Rechtsanspruch auf die Absicherung. Für solche Anleger könnten sehr kurz laufende Anleihen von Euro-Staaten mit hoher Bonität eine Ergänzung zum Bankkonto sein.

Mit der Ausgabe von Staatsanleihen leihen sich Regierungen Geld am Finanzmarkt. Die Papiere können dort gehandelt werden. Je höher die Kreditwürdigkeit eines Staates, desto geringer das Ausfallrisiko. Ratingagenturen ermitteln die Bonität. Dabei achten sie zum Beispiel auf die Verschuldung des Landes, die Stärke der Institutionen und die Lage der Wirtschaft. Dreifach A (AAA bzw. Aaa) ist die beste Note, die ein Staat bekommen kann.

Zwar ist auch das Investieren in Staatsanleihen nicht völlig ohne Risiko. Durch die Fokussierung auf Euro-Staatsanleihen mit hoher Bonität und kurzer Restlaufzeit lassen sich die drei großen Gefahren allerdings deutlich minimieren:

→ **Ausfallrisiko:** Auch ein Staat kann pleitegehen. Halter von Anleihen dieses Staates müssen dann um ihr Geld fürchten. Bei Ländern mit hoher Bonität ist dieses Szenario jedoch unwahrscheinlich und würde sich über Rating-

Verschlechterungen höchstwahrscheinlich ankündigen. Die Griechenland-Krise zeigte zudem, dass die Euro-Staaten zusammenstehen und ein Land stützen, wenn es in Schwierigkeiten steckt.

→ **Kursschwankungen:** Besonders Zinsänderungen können dazu führen, dass der Kurs von Anleihen stark steigt oder fällt. Steigende Zinsen führen zu fallenden Kursen, sinkende Zinsen zu steigenden Kursen. Der Effekt ist umso größer, je länger die Restlaufzeit der Anleihe ist. Anlegern können daher Verluste drohen, wenn sie gezwungen sind, ihre Anteile in einem steigenden Zinsumfeld zu verkaufen. Auch wenn die Zinsen wieder anfangen zu sinken, dauert es noch, bis die Papiere die Kursverluste aufgeholt haben. Investitionen in Staatsanleihen mit einer Restlaufzeit von einem Jahr oder weniger minimieren dieses Risiko deutlich. Da der Rückzahlungstermin nah ist, schwanken diese Papiere kaum noch im Kurs.

→ **Währungsrisiko:** Staatsanleihen, die nicht in der Heimatwährung des Anlegers denominiert sind, bergen ein Währungsrisiko. Wertet die Fremdwährung auf, drohen beim Verkauf Verluste. Wem Sicherheit wichtig ist, sollte daher nicht auf Fremdwährungsanleihen setzen.

Über spezielle ETF lässt sich leicht in Staatsanleihen investieren, bei denen diese Risiken minimiert sind: Die Staaten verfügen über eine hohe Bonität, die Papiere lauten auf Euro und haben eine kurze Laufzeit. Die Sicherheit ist damit sehr hoch. Es gibt Indizes, die solche Papiere zusammenfassen und Anlegern über ETF zugänglich machen. Ein Beispiel dafür ist der Bloomberg Euro Short Treasury (0–12 months) Bond Index, der nur Euro-Staatsanleihen mit Investment Grade aufnimmt. Investment Grade heißt, dass die Ratingagenturen den Staaten eine gute bis sehr gute Bonität zuschreiben. Da ETF zum sogenannten Sondervermögen gehören, ist das angelegte Geld auch im Falle einer Insolvenz des Emittenten gut geschützt.

So verständlich der Wunsch nach Sicherheit auch ist: Anleger sollten nicht vergessen, dass die Rendite eines Kontos und auch die eines kurz laufenden Staatsanleihen-ETF oft niedrig ist. Auf großartige Vermögenszuwächse dürfen Sparer nicht hoffen. Mehr noch: Ist die Rendite niedriger als die Inflation, schrumpft sogar der Wert des Ersparten mit der Zeit. Obwohl der Betrag gleich bleibt, kann man sich weniger davon kaufen. Wer sich sehr hohe Sicherheit wünscht, muss das in Kauf nehmen. Die niedrige Rendite ist der Preis dafür.

Gold zwischen Mythos und Realität

Eine andere Sicherheit scheint Gold zu versprechen. Crash-Propheten empfehlen das Edelmetall gerne als ultimativen Schutz für das Vermögen. „Retten Sie Ihr Geld" – so oder so ähnlich klingen die Überschriften. In diesen

Schilderungen ist Gold ein sicherer Schutz vor Inflation und einem Zusammenbruch des Finanzsystems. Ein Barren bleibt ein Barren – auch wenn Staaten oder Banken pleitegehen.

Die Argumente für die besondere Stellung von Gold im Krisenfall muss in diesen Schilderungen die Geschichte liefern. Über Jahrtausende, heißt es dann, habe Gold mehr oder weniger allen Krisen getrotzt und seinen Wert bewahrt.

Doch Anleger sollten vorsichtig sein. Eine Garantie dafür, dass auch in der nächsten großen Krise Gold ein sicherer Hafen ist, gibt es nicht. Und es gibt noch andere Gefahren. Zur Geschichte des Edelmetalls gehören nicht nur überstandene Krisen, sondern auch Verbote. Die jüngsten Episoden sind gar nicht lange her. So ist es Bürgern in den USA erst seit knapp 50 Jahren erlaubt, Gold zu besitzen. Bis 1974 stand der Besitz von Gold mit wenigen Ausnahmen wie zum Beispiel Schmuck unter Strafe. Präsident Franklin D. Roosevelt hatte das Verbot 1933 verhängt. Bürger mussten damals ihr Gold zum Festpreis an staatliche Sammelstellen verkaufen.

Wer in Gold investiert, sollte außerdem bedenken, dass der Kurs schwanken kann. Ein wichtiger Einflussfaktor ist die Geldpolitik der Notenbanken: Gold wirft keine Erträge ab. Steigende Zinsen erhöhen daher die Opportunitätskosten der Goldhaltung: Klettern die Zinsen, wiegen die entgangenen Gewinne bei einem Investment in das ertragslose Gold immer schwerer. Das kann den Kurs belasten. Zuletzt war der Zusammenhang aber weniger stark ausgeprägt. Der Goldpreis stieg trotz hoher Zinsen.

Die starke Entwicklung des Goldes während der letzten Jahre lässt in Vergessenheit geraten, dass Gold auch ganz andere Zeiten erlebt hat: Nachdem der Preis in den 1980er-Jahren in die Höhe geschossen war, ging es fast 20 Jahre bergab. Einen großen Preisverfall gab es auch ein knappes Jahrzehnt später: Ende 2012 fiel der Preis in den folgenden drei Jahren um gut 35 Prozent. Erst 2020 hat sich der Goldpreis wieder erholt. Auch der Inflationsschutz funktionierte in der Vergangenheit nicht zuverlässig. Sowohl in den 1980er- als auch in den 1990er-Jahren verlor das Edelmetall real an Wert. Für die Finanzexperten von Stiftung Warentest zählt Gold bei der Geldanlage daher zum Risiko- und nicht zum Sicherheitsteil des Pantoffel-Portfolios (test.de/pantoffel-portfolio).

16

Wie reich ist Deutschland?

Mehr als 2,8 Millionen Millionäre, 130 Milliardäre und ein Geldvermögen von neun Billionen Euro – auf den ersten Blick scheint zu stimmen, was vielfach über Deutschland gedacht wird: Deutschland ist ein reiches Land. Aber so einfach ist die Frage nicht zu beantworten.

Denn es kommt bei der Frage nach Reichtum nicht nur auf die absoluten Zahlen an. Ebenso wichtig oder vielleicht sogar noch wichtiger bei der Betrachtung sind der Vergleich und die Verteilung. Es ist ähnlich wie bei der Armutsmessung. Ein absoluter Betrag sagt recht wenig darüber aus, ob jemand arm ist oder nicht. Es kommt darauf an, wie viel die anderen um diese Person herum besitzen oder verdienen. Deswegen wird in den Statistiken Armut in aller Regel relativ beschrieben. Die gängigste Definition lautet: Als von Armut bedroht gilt, wer ein Nettoeinkommen von weniger als 60 Prozent des mittleren Einkommens hat. Genauer gesagt geht es um das sogenannte Nettoäquivalenzeinkommen, bei dem auch noch die Haushaltsgröße berücksichtigt wird. Auf dieser Basis liegt die Armutsgefährdungsquote in Deutschland nach Angaben des Statistischen Bundesamtes bei ungefähr 16 Prozent der Bevölkerung. Damit rangiert Deutschland etwa im EU-Mittelfeld.

Solche Werte liefern allerdings keine Informationen über die individuelle Bedürftigkeit. In dieser Hinsicht ist die Aussagekraft der Armutsgefährdungsquote begrenzt. Interessanterweise ist der Anteil der Menschen, die sich subjektiv als arm empfinden, deutlich kleiner. Er beträgt gemäß Daten von Eurostat für Deutschland knapp über sieben Prozent und liegt deutlich unter dem EU-Durchschnitt von etwas über 23 Prozent.

Vergleicht man nun das Vermögen in Deutschland mit anderen europäischen Ländern, um auf die Ausgangsfrage zurückzukommen, relativiert sich der scheinbare Reichtum Deutschlands etwas. Im europäischen Vergleich sticht Deutschland nicht als besonders reiches Land heraus. So untersucht die Europäische Zentralbank regelmäßig in der „Household Finance and Consumption Survey“ die Nettovermögen der Haushalte in den EU-Ländern. Im Durchschnitt kommt jeder EU-Haushalt demnach auf ein Vermögen von 292 000 Euro. Deutschland liegt mit 317 000 Euro zwar leicht darüber, aber hinter Ländern wie Irland, Italien oder Belgien – ganz zu schweigen von Luxemburg mit einem durchschnittlichen Haushaltsvermögen von 1,27 Millionen Euro.

Auch im weltweiten Vergleich belegt Deutschland keine Top-Position. Im „Global Wealth Report", den die Schweizer Bank UBS jährlich erhebt, liegt das Durchschnittsvermögen der Deutschen unter dem von Ländern wie Dänemark, Schweden, Frankreich oder Großbritannien. Deutschland landet in der Analyse auf Platz 17. Auf Platz eins steht die Schweiz.

Wie das Vermögen verteilt ist

Noch komplizierter wird die Antwort auf Frage, wie reich Deutschland ist, mit Blick auf die Verteilung des Vermögens. Es geht also darum, ob es starke Unterschiede gibt und beispielsweise einige wenige Menschen sehr große Vermögen besitzen, während sehr viele Menschen nur sehr wenig besitzen. Verschiedene Kennzahlen helfen, die Fragen zu beantworten.

Interessante Einblicke in die Verteilung des Vermögens liefert der Median. Der Median als Messzahl für die Verteilung sagt etwas anderes aus als der Durchschnitt. Während für die Berechnung des Durchschnitts alle Zahlen der Datenmenge addiert werden und das Ergebnis durch die Anzahl geteilt wird, werden für die Ermittlung des Medians alle Zahlen der Größe nach angeordnet. Der Median ist der Wert, der genau in der Mitte liegt und die Zahlenreihe in zwei Hälften teilt.

Der Vergleich zwischen Durchschnitt und Median ist sehr hilfreich, um zu sehen, ob besonders hohe oder niedrige Werte in einer Datenmenge vorliegen und damit die Aussagekraft des Durchschnitts verzerren.

Zwei Beispiele sollen das illustrieren: Nach einem erfolgreichen Jahr werden in einer Firma die Boni verteilt. Neun Mitarbeiter erhalten 2000 Euro, einer allerdings 20000 Euro. Der Durchschnitt liegt also bei 3800 Euro, der Median dagegen bei 2000 Euro. Es ist leicht zu sehen, dass der Wert von 3800 Euro die Realität stark verzerrt abbildet. Denn neun von zehn Mitarbeiter haben nur knapp die Hälfte davon erhalten. Der Median liegt deutlich näher an der tatsächlichen Verteilung.

Auch eine andere Firma verteilt Boni an ihre zehn Mitarbeiter. Insgesamt zahlt sie 22000 Euro. Sechs Mitarbeiter erhalten 2000 Euro, zwei 4000 Euro und zwei 1000 Euro. Der durchschnittliche Bonus, den jeder Mitarbeiter erhält, liegt also bei 2200 Euro. Der Median liegt wie im ersten Beispiel bei 2000 Euro. Beide Werte liegen eng beieinander. Das spricht dafür, dass die Verteilung der Extra-Zahlung relativ ausgewogen ist.

Vergleicht man das Durchschnittsvermögen der Haushalte in Deutschland mit dem Median, entspricht das Verhältnis eher dem Fall der ersten Firma aus dem Beispiel. Die beiden Werte liegen weit auseinander. Mit einem Median von 107000 Euro liegt das Haushaltsnettovermögen in Deutschland in der unteren Hälfte des EU-Vergleichs. Der Median beträgt nur knapp ein Drittel des Durchschnittsvermögens (317000 Euro). Dieses Auseinanderklaffen ist ein erstes Indiz dafür, dass das Vermögen in

Deutschland ungleich verteilt ist, deutlich ungleicher jedenfalls als in vielen anderen EU-Ländern.

Eine andere wichtige Zahl neben dem Median ist der Gini-Koeffizient. Auch er sagt etwas über die Verteilung des Vermögens aus. Der Gini-Koeffizient kann zwischen null und eins betragen. Je näher der Wert an eins liegt, desto ungleicher ist das Vermögen oder auch das Einkommen verteilt. Der Gini-Koeffizient für die Vermögensverteilung in Deutschland beträgt 0,72. Für die Berechnung des Gini-Koeffizienten wird zunächst analysiert, wie sich das Gesamtvermögen auf bestimmte Bevölkerungsanteile verteilt. Ein Blick darauf macht die Aussagekraft des Gini-Koeffizienten greifbarer, denn diese Berechnung ergibt, dass die vermögendsten zehn Prozent in Deutschland 54 Prozent des gesamten Nettovermögens besitzen.

Der Wert könnte tatsächlich sogar höher liegen. Ein großes Problem bei der Reichtumsforschung ist, dass Superreiche nirgends erfasst sind. Ihre Zahl ist zu klein, als dass sie in Umfragen auftauchen, auf denen viele Vermögensstatistiken beruhen. Die Wahrscheinlichkeit, einen Superreichen in der Stichprobe zu haben, ist damit sehr gering. Zugleich stammt ihr Vermögen nicht aus Arbeitseinkommen, sondern steckt in Immobilien oder Unternehmensanteilen. Teilweise ist es auch in steuersparenden Strukturen organisiert. Damit tauchen die Superreichen auch nicht in Steuerstatistiken auf. Es ist noch nicht einmal bekannt, wie viele es tatsächlich in Deutschland gibt. Die Zahl von 130 Milliardären zu Beginn des Kapitels stammt aus einer Studie der Hilfs- und Entwicklungsorganisation Oxfam. Das „Manager Magazin“, das jährlich seine viel beachtete Reichenliste veröffentlicht, gibt die Anzahl der Milliardäre dagegen mit 249 an.

Das Deutsche Institut für Wirtschaftsforschung hatte im Jahr 2020 dennoch versucht, die Datenlücke zu schließen und die Superreichen mithilfe besagter Reichenliste und mit einer anderen Stichprobe des sogenannten Sozio-oekonomischen Panels einzubeziehen. Das Panel ist eine große Langzeitstudie mit über 30 000 Befragten. Die Experten kamen auf dieser Basis auf einen Gini-Koeffizienten von 0,82. Auch die anderen Werte waren ausgeprägter. Die reichsten zehn Prozent der Bevölkerung vereinten laut dieser Auswertung rund 67 Prozent des Nettogesamtvermögens auf sich.

Aber auch mit 0,72 gehört Deutschland zu den Ländern in Europa mit der größten Ungleichheit. Nur in Österreich ist der Koeffizient höher. Am Ende der Rangliste liegen Zypern, Malta und die Slowakei. Im Vergleich des „Global Wealth Report" kommt Deutschland weltweit auf Platz elf. Südafrika und Brasilien führen die Liste der Länder mit der größten Ungleichheit an.

Wie das Einkommen verteilt ist

Wie kommt diese große Ungleichheit in Deutschland zustande? Die erste naheliegende Vermutung ist, dass es an den Einkommen liegt. Wer viel verdient, hat auch mehr

Vermögen, und immerhin gibt es knapp 34500 Einkommensmillionäre in Deutschland mit einem Durchschnittseinkommen von 2,68 Millionen Euro (Stand 2021, neuere Daten sind noch nicht verfügbar). Aber so beeindruckend die Zahl auch ist – diese Erklärung greift zu kurz. Das sieht man schon daran, dass die Zahl der Einkommensmillionäre nur einen Bruchteil der Gesamtzahl aller Millionäre ausmacht. Tatsächlich sind die Einkommensunterschiede in Deutschland weniger groß, als man bei solchen Gehältern vermuten könnte. Der Gini-Koeffizient liegt bei 0,3. Er ist also geringer als der Wert für Vermögensungleichheit. Das heißt, die Einkommen sind homogener verteilt als die Vermögen. Deutschland liegt damit im Durchschnitt aller 27 EU-Staaten. Wesentlich ausgeprägter sind die Einkommensunterschiede zum Beispiel in Bulgarien, Litauen oder Lettland.

Ein wichtiger Faktor für die geringere Einkommensungleichheit in Deutschland ist das Steuersystem. Die Steuersätze steigen mit dem Einkommen. Wer mehr verdient, muss einen immer größeren Teil abgeben. Durch diese progressive Besteuerung wird die Ungleichheit bei den Einkommen vermindert (siehe „Warum ist brutto nicht gleich netto?“, S. 136).

Tatsächlich muss man weniger verdienen, als viele vermuten, um schon zu den einkommensreichsten vier Prozent der Bevölkerung zu gehören, wie eine Analyse des Instituts der Deutschen Wirtschaft von 2025 zeigt. Laut der Auswertung reicht bei Paaren ohne Kinder ein gemeinsames Nettoeinkommen von monatlich über 8670 Euro, um zur Oberschicht zu gehören. Zu dieser Gruppe zählt in der

Studie, wer mehr als 250 Prozent des Medians im Monat zur Verfügung hat. Als Single liegt der Wert bei 5780 Euro.

Die Rolle von Immobilien, Geldanlage und Erbschaften

Der Kern der Vermögensungleichheit in Deutschland ist also nicht unbedingt das Einkommen. Schaut man tiefer in die Daten, sind es vor allem drei Faktoren, die zu den Unterschieden führen. Die wahren Treiber der Ungleichheit sind Immobilien, Geldanlage und vor allem Erbschaften. Hier gilt es, einmal genauer draufzuschauen.

Beim Blick auf die Immobilien fällt auf, dass Deutschland im europäischen Vergleich eines der Länder mit dem geringsten Anteil von Eigentümern an einer selbst genutzten Immobilie ist. Deutschland ist ein Volk von Mietern. Der Anteil der Haushalte mit einer selbst genutzten Immobilie liegt bei 45 Prozent. Zum Vergleich: In Italien liegt er bei 77,5 Prozent. Für die niedrige Quote in Deutschland nennen Experten mehrere Ursachen. Ein wichtiger Grund sind der Zweite Weltkrieg und dessen Folgen. Im Zweiten Weltkrieg wurden viele Häuser zerstört. Dazu kam nach Ende des Krieges der hohe Bedarf an Wohnraum, weil viele Flüchtlinge und Vertriebene vor allem aus den ehemaligen deutschen Ostgebieten wie Ostpreußen nach Deutschland strömten. Auf diesen Mangel an Wohnraum reagierte die Politik unter anderem mit dem öffentlich geförderten Bau von Mietwohnungen. Ein weiterer Grund für die geringe Eigentumsquote ist der hohe Mieterschutz. Er macht das Wohnen in einer Mietwohnung attraktiv.

Warum ist die Immobilie für die Betrachtung der Vermögensverteilung so relevant? Es zeigt sich, dass Immobilienbesitzer deutlich mehr Vermögen haben: Haushalte mit einer entschuldeten Immobilie verfügen nach Angaben des Sozialberichts 2024, der unter anderem vom Statistischen Bundesamt und vom Bundesinstitut für Bevölkerungsforschung herausgegeben wird, im Schnitt über ein Nettovermögen von 670 000 Euro; ist die Hypothek noch nicht ganz abbezahlt, sind es rund 515 000 Euro. Das Vermögen der Mieterhaushalte beläuft sich hingegen auf gut 78 000 Euro.

Diese Unterschiede spiegeln zum einen die Wertsteigerungen wider, die Immobilien in den vergangenen Jahren erfahren haben. Aber noch ein anderer Grund ist wichtig: Wer ein Haus oder eine Wohnung kauft, geht damit eine große finanzielle Verpflichtung ein. Viele Jahre lang muss man den Kredit abbezahlen. Käuferinnen und Käufer wissen: Es droht die Zwangsversteigerung, wenn der Kredit zu lange nicht bedient wird. Man ist also gezwungen, jeden Monat zu sparen. Über die Jahre werden so der Kredit abbezahlt und Vermögen aufgebaut. Wer keine Immobilie hat, kann das Thema Sparen und Geldanlage lockerer angehen. Natürlich könnte auch ein Mieter jeden Monat zum Beispiel in einen ETF-Sparplan investieren und auf diese Weise Vermögen aufbauen und von Kurssteigerungen an der Börse profitieren. Ihm sitzt aber keine Bank im

Nacken, sobald in einem Monat mal etwas weniger Geld gespart wird. Der Druck und die Disziplin sind dadurch häufig geringer. Das Ergebnis zeigt sich im geringeren Vermögen. Eigentümer sind also nicht vermögender, weil sie eine Immobilie besitzen, sondern wegen des „positiven Zwangssparens", das der Kauf auslöste.

Neben den Immobilien muss auch das Thema Geldanlage näher beleuchtet werden. Die Deutschen sind nicht nur ein Volk von Mieterinnen und Mietern, sondern auch von Kontosparern. Ein Großteil des Geldvermögens steckt in Anlageformen, die nur eine geringe Rendite abwerfen. Nur ein Drittel des Vermögens ist in Aktien oder Fonds investiert. Besonders Menschen mit wenig Geld nutzen fast ausschließlich risikoarme Anlagen, wie die Bundesbank feststellte. Je höher dagegen das Vermögen, desto höher auch der Aktienanteil. Dank der besseren Renditechancen an der Börse wächst das Vermögen der Wohlhabenden bei steigenden Kursen überdurchschnittlich. „Die im Schnitt erzielbaren realen Renditen steigen mit dem Nettovermögen", wie die Bundesbank feststellte. Die Kluft zwischen Menschen mit wenig Vermögen und solchen mit viel Vermögen vergrößert sich dadurch.

Der dritte Faktor für die Vermögensungleichheit neben Immobilien und Anlagestrategie sind schließlich Erbschaften und Schenkungen. Die Forschung spricht hier von „intergenerationalen Transfers". Es sind gewaltige Summen, um die es hier geht. Das DIW schätzt, dass jedes Jahr bis zu 400 Milliarden Euro vererbt oder verschenkt werden. Die genaue Höhe lässt sich nur schwer ermitteln, da von der Erbschaftssteuer nur ein kleiner Teil erfasst wird. Erfasst wurden von der Finanzverwaltung im Jahr 2023 Erbschaften und Schenkungen in Höhe von 121,5 Milliarden Euro. Grund für die hohe Diskrepanz: Die Rechtslage in Deutschland erlaubt zum einen hohe Freibeträge, zum anderen sind manche Vermögensarten steuerlich privilegiert. So kann zum Beispiel Betriebsvermögen unter bestimmten Voraussetzungen komplett steuerfrei übertragen werden.

Unterschiede im Vermögen werden damit über Generationen hinweg fortgeschrieben. Wie das DIW in einer Analyse aus dem Jahr 2021 schreibt, erhielten die obersten zehn Prozent der Empfänger die Hälfte aller Erbschaften und Schenkungen. Oder anders ausgedrückt: Die unteren 90 Prozent der Erben und Beschenkten bekamen zusammen genauso viel wie oberen zehn Prozent.

Ungleichheit in der Diskussion

Nun kann man diskutieren, was es heißt, dass die Vermögensungleichheit in Deutschland aus den verschiedenen Gründen relativ hoch ist. Immer wieder gibt es Rufe, dass die Politik etwas dagegen tun müsse. Gefordert werden dann etwa eine Vermögenssteuer oder eine Reform der Erbschaftssteuer. Als Argument dafür wird zum Beispiel genannt, dass es zu einer Spaltung der Gesellschaft führt, wenn die Reichen immer reicher werden. Die weniger Vermögenden würden sich zunehmend abgehängt und chancenlos fühlen. Das berge großes Konfliktpotenzial. Auch wird gefragt, wie groß die politische Macht ist, die die Reichen haben, und ob sich das mit demokratischen Grundprinzipien verträgt.

Selbst einigen Reichen ist die Lage nicht mehr geheuer. So wie Morris Pearl: Er wurde an der Wall Street reich. Nun engagiert sich der ehemalige BlackRock-Manager als Vorsitzender des Netzwerks „Patriotic Millionaires". „Tax the rich" – höhere Steuern für Reiche – lautet eine der Forderungen. „Pay the people" fordert eine Bewegung, in der es um faire Löhne geht. Sein Einsatz ist nicht ganz selbstlos, wie Pearl in einem Interview gestand: „In Ländern wie Südafrika können wir sehen, wozu extreme Ungleichheit führt. Die Reichen leben dort hinter hohen Zäunen und trauen sich nur mit bewaffnetem Personal vor die Tür. Ich finde diese Aussicht nicht besonders verlockend und habe die Sorge, dass es für uns Reiche nicht gut ausgeht." Bekannt wurde in Deutschland Marlene Engelhorn, eine Nachfahrin des BASF-Gründers Friedrich Engelhorn. Sie verteilte öffentlichkeitswirksam im Jahr 2024 über einen Bürgerrat 25 Millionen Euro ihres Vermögens. Zugleich forderte sie die Politik zum Handeln auf.

Aber es gibt auch Argumente gegen höhere Steuern für Reiche. Die Reichen könnten ihr Geld ins Ausland bringen, wenn die Politik eine Vermögenssteuer einführt, wird zum Beispiel gewarnt. Kapital ist mobil. Oder dass die Reichen schon genug Steuern zahlen (siehe „Warum ist brutto nicht gleich netto?" S. 145). Ein weiteres Gegenargument, das genannt wird, ist, dass der Reichtum der

Lohn für die unternehmerischen Risiken ist, die man eingegangen ist. Lohne es nicht mehr, reich zu werden, schade das der Wirtschaft. Auch eine höhere Erbschaftssteuer sei schädlich, weil die Erben eines Unternehmens dieses dann vielleicht verkaufen müssen, um die Steuer bezahlen zu können.

Häufig zu hören ist auch der Verweis auf den Trickle-down-Effekt. Dahinter steckt die Annahme, dass der Wohlstand, der an der Spitze der Gesellschaft entsteht, letztendlich allen zugutekommt. Er „sickert" nach unten durch. Der Grund: Die Einkommenssteigerungen führen zu mehr Investitionen und Konsum und so zu mehr Wirtschaftswachstum. Man könnte auch sagen: „Die Flut hebt alle Boote." Empirisch ist dieser Effekt allerdings schlecht zu belegen. So kam eine Studie der London School of Economics zu dem Ergebnis, dass Steuersenkungen vor allem den Reichen helfen. Für die Analyse untersuchten die Wissenschaftler die Entwicklungen in 18 Ländern zwischen 1965 und 2015. Das Ergebnis: Das Bruttoinlandsprodukt pro Kopf und die Arbeitslosenquote unterschieden sich nach fünf Jahren in Ländern, die Steuersenkungen für Reiche umgesetzt hatten, kaum von denen ohne solche Beschlüsse.

Die Meinungen darüber, ob die relativ große Ungleichheit in Deutschland gefährlich ist oder nicht, gehen also auseinander. Es dürfte aber ein Thema sein, das Gesellschaft und Politik in den nächsten Jahren begleiten wird – nicht nur hierzulande, sondern auch in anderen Ländern, wo es eine große Vermögensungleichheit gibt.

17

Wie vermeiden Paare den Streit ums Geld?

Geld ist nicht nur ein Wertspeicher oder ein Tauschmittel, um etwas zu bezahlen. Geld hat noch ganz andere Dimensionen. Es kann ein Zeichen für Wertschätzung sein. Für viele Beschäftigte spiegeln sich in der Höhe ihres Gehalts ihre Stellung und Anerkennung im Unternehmen wider. Unabhängig davon, ob das Gehalt für ein gutes Leben reicht, wird es als unfair empfunden, wenn eine Kollegin oder ein Kollege für die gleiche Tätigkeit mehr erhält. Geld kann auch Sicherheit, Freiheit und Unabhängigkeit bedeuten: Wie möchte ich leben? Wo möchte ich leben? Wie viel und wie lange möchte ich arbeiten? Ist genug Geld da, können diese Fragen auf ganz andere Art beantwortet werden, als wenn es gerade so reicht. Schließlich ist Geld auch Macht. Wer Geld hat, bestimmt, wo es langgeht, und kann andere in Abhängigkeit halten.

Mit Geld ist also ein ganzer Wertekanon verbunden. Er ist genauso Teil der Persönlichkeit wie Vorstellungen zu Moral oder Ethik, und die Geld-Werte werden genauso in eine Beziehung eingebracht. In der Partnerschaft prallen also nicht nur unterschiedliche Ansichten zu Romantik, Ordnung und Familie aufeinander, sondern auch zu Geld: Sparsam leben oder sich auch mal etwas leisten? Wie werden die Ausgaben aufgeteilt? Eigenes Konto oder nicht? Geld nimmt damit in einer Beziehung eine wichtige Rolle ein und kann zu Konflikten führen, wenn ein Paar nicht lernt, mit unterschiedlichen Vorstellungen umzugehen.

Lernen, über Geld zu reden

Um Streit zu vermeiden, gibt es verschiedene Strategien und Wege. Der Schlüssel ist, zu einem ehrlichen und offenen Austausch zu gelangen und zu lernen, über Geld zu sprechen. Der bekannten Redensart „Über Geld spricht man nicht" zu folgen und das Thema zu tabuisieren, ist der falsche Weg. Denn worüber man nicht spricht, darüber kann man auch nicht gemeinsam nachdenken. Lösungen zu finden ist dann praktisch unmöglich.

Dafür ist es allerdings in einem ersten Schritt wichtig, sich selbst darüber klar zu werden, was die eigenen Geld-Werte sind: Welche Erlebnisse und Erfahrungen haben mich beeinflusst? Was heißt finanzielle Freiheit? Bei welchen Ausgaben bin ich großzügig, bei welchen geizig – und woran liegt das? Was meist nur ein diffuses Gefühl ist, lässt sich nach einer bewussten Auseinandersetzung in Worte fassen und bildet damit die Basis für eine Unterhaltung mit der Partnerin oder dem Partner. Damit sich in einer Beziehung ein gegenseitiges Verständnis für die Werte und Sichtweisen entwickelt, müssen beide die eigene Prägung erst einmal erkennen und verstehen.

Oft liegen die Wurzeln in der Kindheit. Wie bei so vielen anderen Einstellungen und Verhaltensweisen beeinflusst das Elternhaus auch das Denken über Geld. Eltern geben nicht nur Gene weiter, sondern auch Einstellungen und Ansichten. Solche Glaubenssätze sind schwierig abzuschütteln. Waren die Eltern verschwenderisch, kann sich das auf die Kinder übertragen. War das Geld knapp, kann diese Erfahrung nachwirken – selbst wenn später genug auf dem eigenen Konto ist.

Eine andere wichtige Rolle spielen kulturelle Prägungen. Jahrtausendelang war der Mann der Ernährer der Familie und hatte das Sagen in Geldangelegenheiten. Erst seit 1958 dürfen Frauen in Deutschland ohne die Erlaubnis des Ehemanns ein eigenes Konto haben und seit 1977 ohne Einschränkungen arbeiten. Davor war es ihnen nur erlaubt, wenn der Beruf mit ihren Pflichten in der Familie vereinbar war. So etwas hinterlässt Spuren in den Rollenbildern und wirkt nach. Daten des Statistischen Bundesamtes für das Jahr 2024 zeigen, dass nur in jeder zehnten Partnerschaft die Frau ein höheres Nettoeinkommen hat als ihr Ehe- oder Lebenspartner. In einer Studie aus dem Jahr 2025 fanden zwei Forscherinnen auf Basis von Rentenversicherungsdaten heraus, dass Frauen mit der Heirat ihr Einkommen im Schnitt um 20 Prozent verringern, weil sie entweder weniger arbeiten oder ganz aufhören. „Unsere Untersuchungen zeigen, dass sich in einer Ehe die Einkommensunterschiede zwischen Mann und Frau vergrößern, und das unabhängig von der Geburt von Kindern", fassten die Forscherinnen das Ergebnis ihrer Auswertung zusammen.

Nach der Auseinandersetzung mit der eigenen Prägung ist der nächste Schritt, sich darüber auszutauschen und einen Geld-Dialog zu starten: Wie wichtig ist Geld für ihn? Wofür gibt sie gerne Geld aus? Wie wichtig sind finanzielle Unabhängigkeit und Sicherheit? Punkte wie diese könnten in so einer Unterhaltung besprochen werden. Es geht darum, dass man sich auf diesem Gebiet besser kennenlernt. Denn in einer Beziehung geht es nicht nur um romantische, sondern auch um finanzielle Intimität.

So ein Gespräch zu beginnen kann schwierig sein. Geld ist ein sensibles Thema. Eine gute Methode ist, erst einmal über die Vergangenheit und die Zukunft zu reden. Das ist oft einfach und unverfänglich. Denn beides hat wenig mit dem gemeinsamen Alltag zu tun: Die Erlebnisse der Kindheit sind schon lange vorbei und die Wünsche für das spätere Leben noch weit entfernt. Jeder kann seinen Gedanken freien Lauf lassen, alles ist unverbindlich. Das Konfliktpotenzial ist damit gering. Auf diese Weise baut man Vertrauen auf, entdeckt Verbindendes – oder auch Trennendes. Es ist in Ordnung, wenn der Umgang mit Geld und die Vorstellungen darüber unterschiedlich sind. Es gibt da kein Richtig und kein Falsch. Wichtig ist, dass sich beide in ihren Unterschieden akzeptieren und Lösungen dafür finden, wie sie damit umgehen. Der Geld-Dialog gibt Sicherheit, bevor es zum entscheidenden Schritt kommt: die Organisation der gemeinsamen Finanzen entlang dieser Vorstellungen.

Die gemeinsamen Finanzen im Alltag regeln

Die Ausgaben fair zu regeln und aufzuteilen kann viele Konflikte rund ums Geld in einer Beziehung vermeiden. Hierfür sollte ein Paar spätestens dann eine Lösung finden, wenn es zusammenzieht. Denn dann geht es nicht mehr nur um die gemeinsamen Restaurantbesuche oder den Urlaub, sondern um eine Vielzahl von Ausgaben von der Miete bis zum Streaming-Abo, die aufgeteilt werden müssen. Ohne eine Absprache, die für beide passt, lauert hier großes Konfliktpotenzial, vor allem, wenn das Paar nicht gleich viel verdient. Schnell fühlt sich die oder der Besserverdienende der unausgesprochenen Erwartung ausgesetzt, den Löwenanteil zu übernehmen – freiwillig oder unfreiwillig.

Mit einer transparenten Kostenaufteilung lässt sich diese Gefahr entschärfen. Grundsätzlich kann jedes Paar hier eine individuelle Lösung finden, die zu den Bedürfnissen passt. Läuft es darauf hinaus, dass beide den gleichen Anteil tragen sollen, gilt es eine wichtige Sache zu beachten. Denn es gibt zwei Möglichkeiten, diesen Anteil zu berechnen. Die eine ist, die Ausgaben einfach durch zwei zu teilen. Beide zahlen also die gleiche Summe. Die Lösung hat allerdings einen Nachteil: Wer von den beiden weniger verdient, steuert prozentual betrachtet einen höheren Anteil des eigenen Einkommens bei. Wer mehr verdient, profitiert also von einer 50:50-Kostenaufteilung.

Der andere Weg ist, dass das Paar die Ausgaben nicht der absoluten Summe nach aufteilt, sondern relativ zum Einkommen. Der Betrag unterscheidet sich dann, die Belastung ist aber gleich verteilt: Beide zahlen den gleichen Teil des eigenen Einkommens in die Haushaltskasse. Diese Lösung birgt vor allem dann Konfliktpotenzial, wenn die Partnerin oder der Partner aus freien Stücken das eigene Einkommen reduziert hat, zum Beispiel, um weniger zu arbeiten und mehr Freizeit zu haben. Beim Gegenüber könnte dann das Gefühl aufkommen, ausgenutzt zu werden. Nur mit einer offenen, ehrlichen Kommunikation kann das Paar hier die Aufteilung finden, die am besten zur Beziehung passt.

Für die praktische Organisation der Finanzen können Paare zwischen verschiedenen Kontomodellen wählen. Die Modelle spiegeln verschiedene Geld-Werte wider. Auch die gefundene Aufteilung bei den Kosten sollte in die Entscheidung einfließen.

→ **Gemeinschaftskonto:** Beide Einkommen fließen auf das gleiche Konto. Von diesem Konto wiederum werden alle Ausgaben bezahlt. Eine umständliche Abrechnung der Ausgaben am Monatsende entfällt. Beide sind verfügungsberechtigt und haben damit auch Zugriff auf das Geld der Partnerin bzw. des Partners. Das Gemeinschaftskonto symbolisiert damit Ideale einer Partnerschaft wie Vertrauen und Gemeinsamkeit. Der Nachteil dieses Modells: Das teure Hobby oder andere teure Vorlieben des Partners zahlt die Partnerin mit und umgekehrt. Das Gemeinschaftskonto eignet sich damit vor allem für Paare, die sehr ähnliche Geld-Werte haben. Der zweite Nachteil: Das Vertrauen kann ausgenutzt werden. Es gibt keinen Schutz davor, dass einer der beiden beim Ende der Beziehung das Konto einfach leer räumt.

→ **Zwei-Konten-Modell:** Die Konten sind strikt getrennt ohne gegenseitigen Zugriff. Niemand ist Rechenschaft darüber schuldig, für was das Geld ausgegeben wird – solange genug da ist, um den Verpflichtungen nachzukommen. Im Trennungsfall ist das Konto geschützt. Das Zwei-Konten-Modell passt für Paare, die sich im Ausgabenverhalten stark unterscheiden und bei denen Sicherheit und Unabhängigkeit eine große Rolle bei den Geld-Werten spielen. Bei diesem Modell müssen allerdings die Ausgaben regelmäßig aufgeteilt und abgerechnet werden. Das kann umständlich sein.

→ **Drei-Konten-Modell:** Beide haben ihre eigenen Konten. Zusätzlich gibt es ein Gemeinschaftskonto, von dem die gemeinsamen Ausgaben abgehen. Beide zahlen auf dieses Konto ihre Anteile am Haushaltsgeld ein, zum Beispiel per Dauerauftrag. Eine andere Möglichkeit ist, dass die Einkommen auf dieses Gemeinschaftskonto eingehen und von dort auf die individuellen Konten verteilt werden. In diesem Modell haben beide „eigenes Geld" zur freien Verfügung. Im Trennungsfall ist nur das Geld auf dem Gemeinschaftskonto in Gefahr. Das Drei-Konten-Modell ist so etwas wie der Kompromiss aus den beiden anderen vorgestellten Möglichkeiten.

Paare sollten die gefundenen Lösungen regelmäßig überprüfen und sich fragen, ob sie noch zur aktuellen Lebenssituation passen. Ereignisse wie Hochzeit und die Geburt eines Kindes sind zum Beispiel Anlässe, um noch einmal über Kostenaufteilung und Kontomodell zu reden.

Eine gemeinsame Geldvision entwickeln

Der letzte große Baustein für eine möglichst konfliktfreie Organisation der Finanzen in der Beziehung ist eine gemeinsame Geldvision. Bei der Geldvision geht es um die großen Fragen: Wie wollen wir eines Tages leben? Was ist uns wichtig? Welche Träume wollen wir uns erfüllen? Die Bandbreite der Antworten ist groß: Jedes Wochenende schick essen gehen. Ein Jahr Auszeit nehmen, um die Welt zu sehen. Früher in Rente gehen.

Wenn Paare hier eine gemeinsame Vorstellung entwickeln, erledigen sich viele Streitpunkte rund ums Geld. Entscheidungen werden einfacher. „Vision determines decision", wie es auf Englisch prägnant heißt. Paare haben dann einen Fixstern, der ihnen hilft, das verfügbare Geld einzuteilen und zwischen nötigen und unnötigen Ausgaben zu unterscheiden. Die Beliebigkeit endet, das Paar setzt Prioritäten. Mit einem konkreten Ziel vor Augen fällt es leichter, zu verzichten und zu sparen. Richtig gelebt, diszipliniert die Geldvision beide in ihrem jeweiligen Konsumverhalten. Es gibt dann keinen Streit mehr darüber, dass zu viel Geld für Kleidung ausgegeben wird, obwohl der Schrank schon voll ist, oder ob es schon wieder ein neues Handy sein muss. Bei monatlichen „Money Dates" kann das Paar gemeinsam schauen, ob finanziell alles nach Plan läuft, vereinbarte Budgets eingehalten werden und die Geldvision näher rückt.

Konflikte wertschätzend lösen

Die vorgestellten Schritte können helfen, dass es weniger Streit rund ums Geld gibt. Aber sie sind keine Garantie dafür, dass es in Geldfragen nie wieder zu hitzigen Diskussionen kommt. Kommt es doch dazu, ist es wichtig, sich an gewisse Regeln zu halten, damit ein Streit nicht eskaliert und eine Lösung gefunden wird. Zuallererst sind Beleidigungen und Beschimpfungen tabu. Beide müssen sich hier disziplinieren und dürfen nichts sagen, was sie später bereuen. Tabu sind auch die Wörter „immer" und

„nie". Sie provozieren meist sofortigen Widerspruch. Der oder die Beschuldigte sucht nach Situationen, in denen das Verhalten anders war, und versucht damit, den Vorwurf zu entkräften. Die Diskussion führt dann schnell vom eigentlichen Thema weg. Diese Gefahr ist bei den Adverbien „oft" und „selten" kleiner. Diese Wörter erkennen an, dass es Ausnahmen gibt und die betreffende Person sich vereinzelt durchaus bemüht.

Um Missverständnisse zu vermeiden, helfen zwei weitere Regeln. Die eine ist, sich zu vergewissern, dass Aussagen richtig verstanden wurden. Schnell passiert es, dass ein Wort oder Sätze aufgrund von Emotionen, Mehrdeutigkeit oder unterschiedlicher Interpretation anders aufgefasst werden, als sie gemeint waren. Hier hilft es, die Aussage des Gegenübers in eigenen Worten zu wiederholen. Die andere Regel ist, „ja" und „nein" richtig zu deuten. Nicht immer sind diese Wörter so gemeint, wie sie gesagt werden. „Ja" heißt nicht automatisch Zustimmung. Es kann auch bedeuten: „Ich höre dich, rede weiter", oder das Gegenüber will deeskalieren und tut deshalb so, als wäre es der gleichen Meinung. Ähnlich ist es beim Wörtchen Nein. Dahinter muss keine grundsätzliche Ablehnung eines Vorschlags stecken. Oft drückt „Nein" nur aus, dass es noch Redebedarf gibt und noch offene Fragen zu klären sind. Sowohl bei einem Ja als auch bei einem Nein gilt es deshalb zu ergründen, was dahintersteckt.

Berücksichtigt ein Paar diese Regeln, kann ein Konflikt auch etwas Gutes haben: Er kann dazu beitragen, den Status quo anzupassen und Vereinbarungen weiterzuentwickeln, um ähnlichen Streit in Zukunft zu vermeiden.

18

Wie groß ist die Gefahr von Altersarmut?

Es mag unglaublich klingen. Aber alt werden und sich auf die Rente freuen – das geht. Zwar sind die Medien voll mit Warnungen vor Altersarmut, und selbst Prominente, die früher viel Geld verdient haben, klagen über ihre kleinen Renten. Doch hier ist ein differenzierter Blick nötig, um zu erkennen, was Panikmache ist und was berechtigte Warnungen sind. Dafür ist es wichtig, die Prinzipien, auf denen unser Rentensystem aufgebaut ist, zu verstehen. Nur so lässt sich abschätzen, wie viel Geld im Alter einmal da sein wird und wie groß die Armutsgefahr ist.

Das deutsche Rentensystem funktioniert nach dem Umlageverfahren. Jeden Monat fließt ein Teil des Gehalts an die Rentenversicherung. Der Beitragssatz beträgt

18,6 Prozent des Bruttogehalts (Stand 2025). Arbeitgeber und Arbeitnehmer tragen jeweils die Hälfte. Das sind pro Jahr insgesamt rund 290 Milliarden Euro an Beitragseinnahmen. Dazu kommen noch Zuschüsse aus dem Bundeshaushalt.

Das Umlageverfahren hat den Vorteil, dass niemand Angst davor haben muss, länger zu leben, als das Geld reicht. Die Rente fließt ein Leben lang, egal, ob man 100 Jahre oder sogar noch älter wird. Wäre die Rente nach dem Kapitaldeckungsverfahren organisiert, bestünde diese Gefahr. Denn hier steht nur so viel Geld im Alter zur Verfügung, wie in den Jahren davor angespart wurde. Das Langlebigkeitsrisiko ist damit erst einmal nicht abgesichert, auch wenn es Strategien gibt, um die Gefahr eines kompletten Kapitalverzehrs vor dem Lebensende zu minimieren (siehe „Wie werde ich finanziell frei?" S. 154).

Im Gegenzug für ihre Beiträge erhalten die Versicherten einen Anspruch auf Rente, der dann wiederum von der nächsten Beitragsgeneration finanziert wird. An dieser Stelle beginnen die Probleme unseres Rentensystems, weswegen auch so viel von Altersarmut die Rede ist und davon, dass die Rente später nicht mehr reicht. Denn die Zahl der Beitragszahler geht zurück, wohingegen die Zahl der Empfänger steigt. Doch dazu gleich mehr.

Wonach bemisst sich die Höhe der Rente, die später einmal gezahlt wird? Sie wird nach einer komplizierten Formel berechnet, in die als wichtige Faktoren das eigene Einkommen relativ zum Durchschnittseinkommen einfließt, ebenso die allgemeine Lohnentwicklung, die Art der Rente und der Zeitpunkt des Renteneintritts.

Vereinfacht dargestellt, sieht diese Formel so aus:

EP x aRW x ZF x RF = monatliche Höhe der Rente

→ **EP steht für Entgeltpunkte:** Mit dem Einstieg ins Berufsleben wird Jahr für Jahr das eigene Einkommen ins Verhältnis zum Durchschnittseinkommen gesetzt. Das ergibt die Zahl der Entgeltpunkte, die aufs Konto wandern – bis auf vier Nachkommastellen genau. Sind das eigene Einkommen und das Durchschnittseinkommen genau gleich groß, wird ein Punkt gesammelt. Ist das eigene Einkommen größer, ist es mehr als ein Punkt, wobei die Zahl durch die Beitragsbemessungsgrenze nach oben gedeckelt ist. Der Wert wird von der Bundesregierung jährlich angepasst und legt fest, bis zu welcher Einkommenshöhe Sozialbeiträge fällig werden. Liegt das eigene Einkommen unter dem Durchschnittseinkommen, gibt es für dieses Jahr weniger als einen Entgeltpunkt. So wächst Jahr für Jahr die Zahl der Entgeltpunkte auf dem Rentenkonto.

→ **aRW ist der aktuelle Rentenwert:** Dieser Teil der Formel macht aus den Zahlen eine Euro-Summe. Der Rentenwert wird jedes Jahr in der Regel von der Bundesregierung in einer Verordnung festgelegt und bedarf der Zustimmung des Bundesrats. Der Rentenwert bildet im Wesentlichen die allgemeine Lohnentwicklung des Zeitraums ab. Wenn in den Medien von einer Rentenerhöhung die Rede ist, dann geht es darum, dass der Rentenwert steigt. So haben die Rentnerinnen und Rentner Anteil daran, wenn die Löhne steigen. Theoretisch würden sie es auch in einem sinkenden Rentenwert spüren, wenn das Lohnniveau zum

Beispiel in einer Wirtschaftskrise sinkt. Aber das ist gesetzlich durch die sogenannte Schutzklausel ausgeschlossen. Im Jahr 2025 lag der Rentenwert bei 40,79 Euro.

→ **ZF gibt den Zugangsfaktor an:** Über den Zugangsfaktor fließt der Zeitpunkt des Renteneintritts in die Berechnung ein. Bei Männern und Frauen, die bis zur Regelaltersgrenze arbeiten, ist der Zugangsfaktor eins. Für alle, die ab 1964 geboren sind, liegt diese Grenze bei 67 Jahren. Jeder Monat früher mindert die Rentenhöhe um 0,3 Prozentpunkte – wenn nicht die Bedingungen für die sogenannte „Rente mit 63" erfüllt sind. Entsprechend ist hier der Zugangsfaktor kleiner eins. Höchstens vier Jahre vor der Altersgrenze ist ein Rentenantritt möglich, die Abschläge können sich also auf bis zu 14,4 Prozent belaufen. Wer dagegen länger arbeitet, wird mit Aufschlägen belohnt. Jeder Monat des späteren Beginns erhöht die Rente um 0,5 Prozent. Hier ist also der Zugangsfaktor größer eins.

→ **RF ist die Abkürzung für den Rentenartfaktor:** Die Rentenversicherung zahlt nicht nur die Altersrente, sondern auch zum Beispiel Witwenrente, Halbwaisenrente oder Rente wegen teilweiser Erwerbsminderung. Jede Rentenart fließt mit einem eigenen Faktor in die Formel ein. Die „Rente wegen Alters" hat den Wert 1,0.

Um die Berechnung an einem Beispiel deutlich zu machen: Eine Angestellte hat während ihres Berufslebens 40,1465 Entgeltpunkte gesammelt. Sie hat bis zur Regelaltersgrenze gearbeitet und bezieht ab 2025 eine normale

Altersrente. Die Formel zur Berechnung ihrer Monatsrente lautet also:

40,1465 x 40,79 Euro x 1 x 1.

Das heißt, die Frau erhält pro Monat eine Rente in Höhe von rund 1638 Euro.

Fallen bei der Rentenberechnung

Die Rentenformel hat einige Implikationen, derer sich jeder bewusst sein sollte, der einmal eine gesetzliche Rente erhält. Der vielleicht wichtigste Punkt mit Blick auf die Gefahr von Altersarmut ist, dass die Höhe des Einkommens und die Beitragsdauer einen entscheidenden Einfluss auf die spätere Rente haben. Wer gut verdient und lange einzahlt, sammelt auch viele Entgeltpunkte. Damit steigt der Faktor, der dann multipliziert mit dem Rentenwert im Wesentlichen die Höhe der Zahlung ergibt. Die Rente ist damit ein Spiegelbild des Berufslebens. Wer schon vor der Rente wenig Geld hatte und nur wenig einzahlen konnte, wird auch im Alter wenig Geld haben.

Ob wenig Geld direkt Armut bedeutet, ist dabei nicht leicht zu beantworten. Hier spielt die individuelle Wahrnehmung eine große Rolle und natürlich auch, wie Armut definiert wird. Nimmt man die Armutsgefährdungsquote als Maßstab, ist das Risiko bei Menschen im Alter ausgeprägter. Der Anteil bei den 65-Jährigen und Älteren lag im

Jahr 2024 bei 19,6 Prozent, wohingegen er in der Gesamtbevölkerung rund 16 Prozent betrug. Beide Werte haben sich in den vergangenen Jahren kaum geändert. Die Quote ist ein relatives Maß. Als armutsgefährdet gilt, wer weniger als 60 Prozent des Medians des Nettoeinkommens der Bevölkerung zur Verfügung hat. Genauer gesagt bezieht sich die Angabe auf das Nettoäquivalenzeinkommen. Hier fließen noch die Zahl und das Alter der Haushaltsmitglieder ein.

Mit Blick auf die Zahl der Bezieher von Grundsicherung im Alter ist Altersarmut ebenfalls kein stark wachsendes Problem. Grundsicherung im Alter erhält, wer nicht genügend Einkommen hat, um seinen Lebensunterhalt zu decken. Hierbei handelt es sich also um ein absolutes Maß. Es gab zwar in den letzten Jahren einen leichten Anstieg auf zuletzt 4,1 Prozent (Stand Dezember 2024). Verglichen mit dem Rest der Bevölkerung ist der Anteil der Menschen, die im Alter auf Hilfe angewiesen sind, damit eher unterdurchschnittlich. So liegt im Vergleich dazu der Anteil von Beziehern der Leistungen der sozialen Mindestsicherung, wozu zum Beispiel das Bürgergeld gehört, bei 8,5 Prozent der Gesamtbevölkerung.

Der Zusammenhang zwischen niedrigem Einkommen und niedriger Rente ist besonders für Frauen und zunehmend auch Männer wichtig, die Teilzeit oder gar nicht arbeiten, um sich um Haushalt und Kindererziehung zu kümmern. So schön es sein mag, für die Familie zu sorgen: Der Preis ist eine niedrige Rente im Alter. Solange zumindest einer von beiden ein gutes Einkommen hatte, ist das nicht unbedingt tragisch. Denn es kommt schließlich darauf an, wie viel Geld im Alter insgesamt da ist. Gefährlich wird es jedoch, wenn die Beziehung zerbricht. Bei einer Scheidung gibt es zwar einen Versorgungsausgleich. Doch der übertragene Rentenanspruch reicht unter Umständen nicht für eine Rente aus, von der man leben kann. Noch dazu ist es nach Jahren von Teilzeit oder ohne Anstellung oft schwierig, beruflich noch einmal durchzustarten und selbst sein Rentenkonto zu füllen. Eine eigene private Altersvorsorge ist daher ratsam.

Die geringen Einzahlungen in die Rentenkasse sind häufig auch der Grund, weshalb Prominente über ihre niedrige gesetzliche Rente klagen. Als Selbstständige hätten sie eigenverantwortlich vorsorgen müssen. Man darf hierbei auch nicht vergessen, dass eine niedrige Rente nicht zwangsläufig heißt, dass auch tatsächlich wenig Geld da ist. Wenn es Einkommen zum Beispiel aus Vermietung gibt, muss eine niedrige Rente nicht automatisch heißen, dass man sich im Alter stark einschränken muss.

Noch ein zweiter wichtiger Punkt ergibt sich aus der Rentenformel: Nicht die absolute Höhe des Einkommens ist entscheidend, sondern die relative. Die Zahl der Entgeltpunkte, die jeder sammelt, bemisst sich an der Relation zum Durchschnittseinkommen. Das heißt: Stagniert das eigene Einkommen, während alle anderen mehr verdienen, sinkt die Zahl der Entgeltpunkte, die über die Jahre gesammelt werden. Wer also eine möglichst hohe gesetzliche Rente haben möchte, ist gefordert, regelmäßig die Gehaltsverhandlung mit dem Chef oder der Chefin zu suchen und sich weiter zu qualifizieren, um gute Argumente für mehr Geld zu haben.

Über die gesammelten Punkte informiert die Rentenversicherung regelmäßig in einem Informationsschreiben. Darin kann jeder nachlesen, wie viele Entgeltpunkte bereits gesammelt wurden und wie hoch die Rente eines Tages sein könnte. Es ist allerdings wichtig, diese Hochrechnung der Ansprüche richtig einzuordnen. Denn die Annahme ist, dass man bis zur Rente so viel verdient wie im Schnitt der letzten fünf Jahre. Gerade wer zu Beginn seines Berufslebens steht, sollte hier mit einer gewissen Skepsis draufschauen. Denn die Chance ist groß, dass das Einkommen in den nächsten Jahren steigen wird.

Ein zweiter wichtiger Punkt in der Renteninformation sind die unterstellten Steigerungen. Die Rentenversicherung liefert drei Szenarien: Es gibt keine Anpassung, der Rentenwert steigt jährlich um ein Prozent, er steigt jährlich um zwei Prozent. Im Rückblick war die angesetzte Steigerung in den letzten Jahren zu niedrig. Zwischen 2012 und 2025 stieg der Rentenwert im Schnitt um 2,9 Prozent pro Jahr im Westen bzw. um 3,9 Prozent im Osten.

Wird das auch in Zukunft so sein? Das ist die große Frage. Denn was sich auch aus der Rentenformel ergibt: Zwar kann man mehr oder weniger beeinflussen, wie viele Entgeltpunkte man während des Berufslebens sammelt. Keine Kontrolle hat man jedoch darüber, wie viel ein Punkt einmal wert und wie hoch damit letztendlich die Rente sein wird. Die Entwicklung des Rentenwerts hängt zum einen von der Entwicklung der Löhne ab. Vor allem ist sie aber auch eine politische Entscheidung.

Der demografische Wandel stellt das Rentensystem vor eine große Herausforderung. Die Zahl der Rentnerinnen und Rentner wächst, die Zahl der Beitragszahler sinkt. Im Jahr 1960 versorgten noch sechs Arbeitnehmer einen Rentner, im Jahr 2030 wird das Verhältnis laut Prognosen bei zwei zu eins liegen. Außerdem steigt die Lebenserwartung. Weniger Beitragszahler müssen also mehr Rentner länger finanzieren. Bislang bekennen sich die großen politischen Parteien dazu, dass das Rentenniveau nicht unter 48 Prozent fällt. Das Rentenniveau ist ein Konstrukt. Es gibt vereinfacht gesagt das prozentuale Verhältnis zwischen der Durchschnittsrente und dem Durchschnittseinkommen an. Basis ist die sogenannte Standardrente, die jemand erhält, der 45 Jahre lang das Durchschnittseinkommen bezogen hat. Die große Frage wird sein, wie lange dieses Niveau gehalten werden kann. Die Differenz zwischen Einnahmen und Ausgaben muss entweder durch höhere Beiträge, Zuschüsse aus dem Bundeshaushalt oder eine Kombination aus beidem ausgeglichen werden. Zuletzt flossen mehr als 120 Milliarden Euro an Steuergeldern an die Rentenversicherung. Das ist rund ein Drittel der Steuereinnahmen des Bundes.

Ohne private Vorsorge geht es nicht

Wie hoch die Rente später einmal sein wird, ist also unsicher. Ein niedrigeres Rentenniveau heißt zwar noch nicht, dass die Rente sinkt. Sie steigt nur langsamer als die Löhne. Das ist aber kein Grund, sich entspannt zurückzulehnen. Es droht zwar nicht unbedingt Altersarmut – nur weil man weniger Geld hat, ist man deswegen noch lange nicht arm. Wer sich aber auch im Alter noch etwas gönnen möchte, sollte sich nicht allein auf die gesetzliche Rente verlassen. Auch im Informationsschreiben der Rentenversicherung steht klar: „Da die Renten im Vergleich zu den Löhnen künftig geringer steigen werden und sich somit die spätere Lücke zwischen Rente und Erwerbseinkommen vergrößert, wird eine zusätzliche Absicherung fürs Alter wichtiger (‚Versorgungslücke').“

Eine sehr gute Möglichkeit der privaten Altersvorsorge ist die Geldanlage an der Börse. Hier lässt sich mit der richtigen Strategie eine gute Rendite bei überschaubarem Risiko erzielen. Zwar gehören Schwankungen, die heftig sein können, zur Börse dazu, und manchmal kann es auch jahrelang nach unten gehen. Die Vergangenheit hat aber gezeigt, dass mit der nötigen Zeit ein breit gestreutes Aktienportfolio noch jeden Rückschlag ausgeglichen hat. Ein Einbruch war rückblickend nur ein Schlagloch auf dem Weg zum nächsten Rekordhoch. Sehr leicht ist eine solche Diversifikation kostengünstig mit ETF auf Welt-Indizes wie dem MSCI World möglich (siehe „Wie vermehre ich mein Geld?“, S. 109). Die Rendite kann sich sehen lassen. Sie lag im Falle des MSCI World in den letzten zehn Jahren bei 10,5 Prozent, im langjährigen Schnitt bei 8,6 Prozent. Zur Einordnung: Bei dieser Rendite verdoppelt sich das investierte Kapitel nach etwas mehr als acht Jahren. Früh anfangen lohnt sich also. Sparpläne machen es dabei einfach, auch mit wenig Geld zu starten. Schon aus 100 Euro im Monat werden nach 20 Jahren bei einer Rendite von 8,6 Prozent rund 61400 Euro fürs Alter.

Wer nicht gut mit den Kursschwankungen an der Börse umgehen kann, hat noch andere Möglichkeiten, um fürs Alter vorzusorgen. Die Stiftung Warentest hält die Betriebsrente trotz mancher Nachteile für eine gute Alternative zum ETF-Sparen, wenn der Arbeitgeber deutlich mehr als die vorgeschriebenen 15 Prozent hinzugibt. Weniger gut gefallen den Experten und Expertinnen der Stiftung Warentest dagegen Riester-Rente und Lebensversicherung. Sie bieten zwar eine gut planbare Altersvorsorge, sind aber eher renditeschwach und mit hohen Kosten verbunden. In den meisten Fällen sind diese Produkte keine gute Wahl.

Mit der richtigen privaten Vorsorge (siehe „Wie vermehre ich mein Geld?", S. 101), ergänzt um die gesetzliche Rente, besteht nur wenig Grund, mit Sorge aufs Alter zu schauen. Wer frühzeitig anfängt zu sparen – auch wenn die Summen noch klein sind – und dabei auf kostengünstige Welt-ETF setzt, beugt der Altersarmut effizient vor und kann gelassen und mit Vorfreude dem Ruhestand mit all seinen Möglichkeiten entgegensehen.

Glossar

→ **Aktie:** Eine Aktie ist ein Wertpapier, das einen Anteil an einem Unternehmen (einer Aktiengesellschaft) darstellt. Wer eine Aktie besitzt, dem gehört damit auch ein Teil des Unternehmens. Auf der Hauptversammlung können die Aktionäre entsprechend der Zahl ihrer Aktien mitstimmen und erhalten Informationen über das Unternehmen. Aktien können in aller Regel über die Börse gekauft und verkauft werden. Der Preis kann mitunter stark schwanken. Ein wichtiger Einflussfaktor sind die Geschäftsaussichten des Unternehmens. Je besser, desto höher in aller Regel die Nachfrage nach den Aktien des Unternehmens. Aber auch die allgemeine Stimmung unter den Anlegern spielt eine Rolle. Es kann daher zu Über- und Untertreibungen kommen. Als Miteigentümer tragen Aktienbesitzer das unternehmerische Risiko mit. Geht das Unternehmen pleite, verlieren sie ihr investiertes Geld. Auf der anderen Seite haben Aktionäre auch Anteil am Erfolg. So schütten viele Unternehmen einen Teil ihres Gewinns an ihre Aktionäre aus (siehe Dividende).

→ **Bretton Woods:** Eigentlich ein kleiner Ort im US-Bundesstaat New Hampshire, wurde Bretton Woods weltbekannt durch die Konferenz, die dort 1944 stattfand. Bei dem Treffen von Vertretern von 44 Staaten wurde eine Weltwährungsordnung für die Zeit nach dem Zweiten

Weltkrieg beschlossen. Im Mittelpunkt des Systems standen feste Wechselkurse: Jede Währung wurde innerhalb bestimmter Grenzen an den Dollar gebunden und der Dollar wiederum zu einem festen Umtauschverhältnis von 35 Dollar je Unze (1 Unze = 31,104 Gramm) ans Gold. Dadurch wurde der Dollar zur globalen Leitwährung. 1971 beendete US-Präsident Richard Nixon allerdings die Goldbindung des Dollars, was den Kern des Systems zerstörte. Zuvor waren die Zweifel stark gewachsen, ob die USA aufgrund wachsender Verschuldung die Golddeckung des Dollars aufrechterhalten können. 1973 brach Bretton Woods endgültig zusammen und wurde durch ein System flexibler Wechselkurse ersetzt.

→ **Buchgeld** (auch Giralgeld): Geld, das nur auf Bankkonten existiert, also in elektronischer oder buchhalterischer Form. Es ist kein Bargeld wie Scheine oder Münzen, sondern ein Zahlungsmittel, das durch Bankeinträge entsteht. Zahlungen mit Karte, Überweisung, Lastschrift oder Online-Banking laufen über Buchgeld. Der größte Anteil des umlaufenden Geldes in modernen Volkswirtschaften ist Buchgeld – deutlich mehr als Bargeld (siehe auch Einlagensicherung, Zentralbankgeld).

→ **Dividende:** Eine Dividende ist der Teil des Gewinns, den ein Unternehmen an seine Aktionäre ausschüttet. Wer Aktien (siehe da) eines Unternehmens besitzt, ist Miteigentümer dieses Unternehmens und kann dadurch am wirtschaftlichen Erfolg teilhaben. Die Dividende wird vom Vorstand vorgeschlagen und auf der Hauptversammlung beschlossen. Die Auszahlung erfolgt wenige Tage später. Aktionäre erhalten die Dividende in der Regel pro Aktie, die sie besitzen. Beispielsweise würde eine Dividende von zwei Euro pro Aktie bedeuten, dass ein Aktionär mit zehn Aktien insgesamt 20 Euro erhält. Die Höhe der Dividende kann von Jahr zu Jahr unterschiedlich sein oder sogar ganz ausfallen, abhängig vom Geschäftserfolg und der Entscheidung der Unternehmensleitung. Dividenden sind freiwillige Ausschüttungen und im Gegensatz zu Zinsen auf einem Sparbuch nicht garantiert. Die Dividendenrendite gibt die Höhe der Dividende im Verhältnis zum Aktienkurs an.

→ **Einlagensicherung:** Die Einlagensicherung ist ein Schutzmechanismus, der Geld auf Bankkonten absichert, falls eine Bank pleitegeht. Sie gibt den Kontoinhabern Sicherheit, dass sie ihr Geld bis zu einem bestimmten Betrag zurückbekommen. In vielen Ländern gibt es eine staatliche Garantie, in Deutschland bis zu 100 000 Euro pro Kunde und Bank. Viele Banken sind zusätzlich Mitglied in freiwilligen Sicherungssystemen, die höhere Summen absichern. Wichtiges Ziel der Einlagensicherung neben dem Schutz der Sparer ist es, eine Vertrauenskrise im Finanzsystem zu verhindern. Gerät eine Bank in Schwierigkeiten, könnten Sparer durch den Abzug ihrer Einlagen die Probleme noch weiter vergrößern, auch die Sparer anderer Banken könnten verunsichert werden. Es käme zu Ansteckungseffekten. Mit der Einlagensicherung senden Staat und Banken das Signal, dass niemand in Panik ausbrechen muss, weil das Geld geschützt ist.

→ **ETF:** ETF steht für Exchange Traded Funds, also börsengehandelte Fonds. Typisch für ETF ist, dass sie zu niedrigen Kosten passiv einen Index nachbilden. Ein Index wiederum fasst eine große Zahl von Aktien nach bestimmten Kriterien wie Land, Branche, Börsenwert oder Thema zusammen. Mit einem ETF auf diesen Index haben Anleger an der Entwicklung eins zu eins teil. Mittlerweile gibt es auch aktive ETF, die nicht mehr nur einen Index nachbilden, sondern eher aktiv gemanagten Fonds gleichen. Das heißt, ein Manager oder ein Team wählen hier Aktien aus, denen sie eine gute Entwicklung zutrauen.

→ **Geldmenge:** Die Geldmenge bezeichnet die gesamte Menge an Geld, die in einer Volkswirtschaft zirkuliert. Sie umfasst sowohl Bargeld als auch Buchgeld und wird oft in verschiedenen Kategorien gemessen. Ökonomen unterscheiden häufig mehrere Aggregate. So umfasst die Geldmenge M1 Bargeld und sofort verfügbare Kontoguthaben (etwa das Girokonto). Bei Geldmenge M2 kommen noch kurzfristige Spareinlagen (Laufzeit bis zu drei Monaten) und Termineinlagen mit einer Laufzeit von bis zu zwei Jahren dazu. M3 schließlich beinhaltet nicht nur die Aggregate M1 und M2, sondern auch leicht verfügbare Finanzmittel wie Geldmarktfondsanteile und Geldmarktpapiere. Geldmarktfonds investieren in Wertpapiere mit sehr kurzer Laufzeit von typischerweise bis zu einem Jahr. Sie sind dadurch sehr liquide und relativ sicher und ähneln damit Tagesgeldern. Mit ihrer Geldpolitik kann eine Zentralbank (siehe dort) die Geldmenge beeinflussen.

→ **Geldmonopol:** Das Geldmonopol bezeichnet das ausschließliche Recht einer Zentralbank oder des Staates, Geld zu erschaffen und in Umlauf zu bringen. In den meisten Ländern liegt dieses Recht bei der Zentralbank. Durch die Entwicklung von Kryptowährung (siehe dort) wird dieses Geldmonopol seit einigen Jahren aufgeweicht.

→ **Geldschöpfung:** Geldschöpfung bezeichnet den Prozess, durch den neues Geld in einer Volkswirtschaft entsteht. Sie erfolgt auf zwei Wegen: durch die Zentralbank und durch Geschäftsbanken. Die Buchgeldschöpfung findet statt, wenn Geschäftsbanken Kredite vergeben. Wenn eine Bank einem Kunden einen Kredit gutschreibt, entsteht neues Geld auf dessen Konto – zunächst nur als Buchung, aber es kann sofort für Zahlungen und Überweisungen verwendet werden. Eine wichtige Rolle spielt dabei die Zentralbank: Sie stellt über Kredite und andere Wege den Banken Zentralbankgeld (siehe dort) zur Verfügung. Außerdem sorgt die Zentralbank für die Bargeldschöpfung, indem sie neue Banknoten druckt und frische Münzen prägt. Dieses Bargeld gelangt über die Geschäftsbanken in den Umlauf. Geldschöpfung ist wichtig, weil sie Konsum, Investitionen und wirtschaftliches Wachstum ermöglicht. Gleichzeitig muss sie kontrolliert werden, damit es nicht zu Inflation (siehe dort) kommt.

→ **Gini-Koeffizient:** Der Gini-Koeffizient ist ein Maß für die Einkommens- oder Vermögensverteilung in einem Land. Er zeigt, wie gleich oder ungleich Einkommen oder Vermögen unter der Bevölkerung verteilt sind. Der Gini-

Koeffizient liegt zwischen null und eins (oder manchmal in Prozent zwischen null und 100 Prozent). Ein Wert von null bedeutet perfekte Gleichverteilung (alle haben gleich viel). Ein Wert von eins bedeutet maximale Ungleichheit (eine Person besitzt alles, alle anderen nichts).

→ **Goldstandard:** Beim Goldstandard ist die Währung eines Landes ans Gold gebunden, das heißt, das Geld kann zu einem festen Kurs in Gold umgetauscht werden. Die Hoffnung: Die Währung ist stabiler, weil die Geldmenge (siehe dort) nicht beliebig vermehrt werden kann. Die Staaten wirtschaften solider und verschulden sich weniger. Viele Länder nutzten den Goldstandard bis ins 20. Jahrhundert. Mit der Weltwirtschaftskrise und dem Zweiten Weltkrieg wurde er weitgehend aufgegeben. Das System von Bretton Woods (siehe dort) versuchte noch einmal, an den Goldstandard anzuknüpfen. An seine Stelle trat das sogenannte Fiat-Geldsystem. Hier ist die Währung nicht durch Gold gedeckt, was eine Ausweitung der Geldmenge erleichtert und damit die Gefahr von Inflation (siehe dort) birgt.

→ **Inflation:** Inflation bedeutet, dass die Preise für Waren und Dienstleistungen im Durchschnitt steigen und das Geld an Kaufkraft verliert. Mit anderen Worten: Für den gleichen Betrag können sich die Verbraucher weniger kaufen als zuvor. Die Ursachen für Inflation sind vielfältig: So kann starkes Wirtschaftswachstum die Nachfrage anheizen, oder Unternehmen geben gestiegene Kosten über die Preise weiter. Zur Messung der Inflation verwendet das

Statistische Bundesamt einen Warenkorb mit 700 Waren und Dienstleistungen, die mit unterschiedlichem Gewicht einfließen, um das Konsumverhalten abzubilden. Die Daten werden monatlich erhoben. Mit ihrer Geldpolitik versucht die Notenbank (siehe dort), die Inflation zu steuern.

→ **Kryptowährung:** Im Gegensatz zu Bargeld existieren Kryptowährungen nur virtuell. Sie werden nicht von Banken oder Staaten kontrolliert. Durch Verschlüsselungstechniken sind sie vor Fälschungen und Manipulationen geschützt. Transaktionen werden in einer öffentlichen, dezentralen und unveränderlichen Datenbank (der Blockchain) gespeichert. Bitcoin ist die bekannteste, aber es gibt Tausende weiterer Kryptowährungen mit unterschiedlichen Funktionen. Eine besondere Form der Kryptowährung sind Stablecoins. Sie bilden eine Währung nach und sollen möglichst stabil in ihrem Kurs sein. Stablecoins werden von Banken und Unternehmen ausgegeben und ermöglichen schnelle und günstige Transaktionen weltweit. Auch Notenbanken arbeiten an Stablecoins, sogenannten Central Bank Digital Currencies (CBDC). Sie sollen Zentralbankgeld (siehe dort) auch in der digitalen Welt verfügbar machen.

→ **Marktgeld:** Statt eines Geldmonopols (siehe dort) darf beim Konzept des Marktgelds jeder eine eigene Währung herausgeben. Es handelt sich also um privat geschaffenes Geld. Niemand ist gezwungen, es anzunehmen. Es herrscht wie bei anderen Gütern in einer Marktwirtschaft Wettbewerb. Die Idee dahinter: Das „gute Geld“, also das

Geld, dem die Menschen wegen seiner Wertstabilität am meisten vertrauen, setzt sich durch. Das „schlechte Geld", das wegen fehlender Stabilität oder Akzeptanz niemand haben will, verschwindet. Was lange Zeit nur eine theoretische Idee war – kaum ein Akteur will viele verschiedene Währungen mit sich herumtragen –, gewinnt in Zeiten von Kryptowährungen (siehe dort) eine neue Relevanz. Denn statt eines großen Geldbeutels bräuchten Akteure nur verschiedene Apps auf ihrem Smartphone.

→ **Naturalgeld** (auch Warengeld oder Primitivgeld): Eine frühe Form des Geldes, die lange vor dem heutigen Münz- und Papiergeld genutzt wurde. Es handelt sich um Gegenstände, die Menschen als Zahlungsmittel verwendeten, weil sie allgemein akzeptiert und nützlich waren. Dazu zählen zum Beispiel Salz, Vieh, Werkzeuge und Edelmetalle. Mit der Zeit wurden Edelmetalle wie Gold und Silber immer wichtiger. Daraus entwickelten sich später die ersten Münzen.

→ **Notenbank:** Eine Notenbank (oder Zentralbank) ist die Institution, die für die Geldpolitik und die Funktionsfähigkeit des Geldwesens in einem Land oder Währungsgebiet zuständig ist. Zu ihren Hauptaufgaben gehört die Bewahrung der Preisstabilität. Die Europäische Zentralbank sieht sie gegeben, wenn die Inflationsrate (siehe Inflation) bei zwei Prozent liegt. Ein wichtiges Werkzeug zur Steuerung der Inflation ist der Leitzins. Er gibt an, wie günstig oder teuer sich die Geschäftsbanken Geld bei der Notenbank leihen können. Da die Banken ihre Kosten wiederum weitergeben, beeinflusst die Höhe des Leitzinses auch die Konditionen, zu denen sich Verbraucher und Firmen Geld leihen können. Ein niedriger Leitzins steigert daher die Nachfrage nach Krediten. Firmen investieren mehr, und Verbraucher konsumieren mehr. Das schiebt die Konjunktur an und erhöht die Nachfrage nach Waren und Dienstleistungen. Die Preise steigen. Ein hoher Leitzins wiederum kühlt die Konjunktur ab.

→ **Zentralbankgeld:** Das offizielle Geld eines Landes, das von der Zentralbank geschaffen wird, nennt man Zentralbankgeld. Es ist die sicherste Form von Geld im gesamten Finanzsystem. Zum einem gehört das Bargeld zum Zentralbankgeld, also Scheine und Münzen. Doch auch das Geld, das die Geschäftsbanken auf ihren Konten bei der Zentralbank haben, zählt dazu. Diese Konten spielen bei Überweisungen zwischen Banken eine große Rolle. Denn was dabei tatsächlich passiert, ist, dass Geld von einem Zentralbankkonto auf ein anderes transferiert wird. Dafür müssen die Banken genügend Geld auf ihren Konten haben, das sie sich häufig bei der Zentralbank leihen. Die Konditionen bestimmt sie über den Leitzins und kann so die Nachfrage beeinflussen. Der Leitzins ist daher ein wichtiges Steuerungsinstrument der Inflation (siehe dort). Perspektivisch könnte es noch eine dritte Form geben: Digitale Zentralbankwährungen, sogenannte Central Bank Digital Currencies (CBDC) wie der momentan diskutierte Digitale Euro, überführen das Bargeld in den digitalen Raum.

Register

Stiftung Warentest

ISBN: 978-3-7471-1019-5

Stiftung Warentest
Lützowplatz 11–13, 10785 Berlin
www.test.de
email@stiftung-warentest.de
USt-IdNr.: DE136725570

Vorständin: Julia Bönisch

Programmleitung: Niclas Dewitz
Autor: Clemens Schömann-Finck
Projektleitung: Philipp Sperrle
Lektorat: Textwerk Freising, Evelyn Sternad
Korrektorat: Christoph Nettersheim, Stein
Satz: Daniela Greven
Verlagsherstellung: Rita Brosius (Ltg.), Romy Alig, Susanne Beeh
Druck: GGP Media GmbH, Pößneck

Bei Fragen zur Sicherheit dieses Produkts wenden Sie sich bitte an:
gpsr@stiftung-warentest.de